4

High Elementary

말하기 쉬운 한국어 ④

1판 1쇄 발행 2006년 4월 30일
1판 9쇄 발행 2015년 8월 31일

지은이 성균어학원 한국어교재 편찬위원회
펴낸이 정규상
펴낸곳 성균관대학교 출판부

등록 1975년 5월 21일 제1975-9호
주소 110-745 서울특별시 종로구 성균관로 25-2
대표전화 (02) 760-1252~4 팩시밀리 (02) 762-7452
Homepage http://press.skku.edu

값 11,000원

ISBN 978-89-7986-651-3 14710
      978-89-7986-624-7 (전12권 세트)

＊잘못된 책은 구입한 곳에서 교환해 드립니다.

말하기 쉬운 한국어

4

High Elementary

성균어학원 한국어교재 편찬위원회 | 성균관대학교 출판부

홍길동젼 권지단

화셜됴션국 셰죵됴 시졀의 훈ᄌᆡ상이 이시니 셩
은홍이오 명은 뫼라 ᄃᆡᄃᆡ 명문거족으로 소년등과
ᄒᆞ여 벼ᄉᆞᆯ이 니조판셔의 니르ᄆᆡ 물망이 됴야의 읏
듬이오 충효겸비ᄒᆞ기로 일홈이 일국의 진동ᄒᆞ더
라 일족 두 아ᄃᆞᆯ을 두어시니 일ᄌᆞᆫ 일홈이 인형이
니 졍실 뉴시 소ᄉᆡᆼ이오 일ᄌᆞᆫ 일홈이 길동이니서
비츈셤의 소ᄉᆡᆼ이라 션시의 공이 길동을 나흘ᄯᆡ의
일몽을 어드니 믄득 뇌졍벽녁이 진동ᄒᆞ며 쳥뇽이
슈염을 거스리고 공의게 향ᄒᆞ여 다라들거ᄂᆞᆯ
ᄭᆡᄃᆞ르니 이제 룡몽을 어더시니 반ᄃᆞ시 귀혼 ᄌᆞ식을 나
흐리라 ᄒᆞ고 즉시 ᄂᆡ당으로 드러ᄀᆞ니 부인 뉴시 니
러맛거ᄂᆞᆯ 공이 흔연이 그 옥슈를 잇그러 졍이 친압

머리말

　최근 10여 년 이래 많은 관심과 주목을 받고 있는 한국어 교육은 '세계화'라는 큰 흐름에 일조하면서 많은 양적·질적 성장을 가져왔다. 이에 본 성균어학원도 이러한 사회적 분위기에 발맞추어 끊임없는 자기 개발과 변화를 꾀하며 성장을 거듭하고 있다. 그러나 지금의 한국어 교육에 대한 관심을 지속적으로 발전시키기 위해서는 여러 분야의 많은 관심과 노력이 필요하다. 시류에 편승한 양적 팽창에만 안주할 것이 아니라, 다양해진 외국인 학습자의 교육적 요구와 학습 목적에 부합하는 실용적인 교육을 하고자 노력해야 할 것이다.

　성균어학원은 올바른 실용 한국어 교육을 위해 한국어 학습자의 요구를 적절히 담아낸 교재의 개발과 이를 효과적으로 전달하고 교육할 교수 요원의 양성에도 남다른 노력을 경주해 왔다. 학습자의 요구와 목적이 다변화되어 감에 따라, 교재는 끊임없이 변화·발전해야 할 것이다. 예전과 달리 한국어 학습자의 수준이 다양화되었고, 개개의 학습 목표도 구체화되고 세분화된 만큼 학습자 각자의 개성과 요구에 교수 내용과 목표를 맞추는 적극적인 자세가 필요한 때이다.

　본 어학원에서는 『배우기 쉬운 한국어(전 6권, 2004년)』에 이어 회화 중심의 교재인 『말하기 쉬운 한국어』에 대한 교재 개발을 완료하였다. 본 교재는 12단계로 세분화한 12권의 텍스트와 각 권의 '듣기·말하기' 기능을 보조할 24장의 CD자료 중 네 번째 단계의 결과물이다. 본 교재의 특징은 회화와 활동 위주의 '학습자 중심 교수법'을 맞춤형 교재로 했다는 것이다. 현재 언어 학습의 세계적 추세가 회화 학습을 중심으로 발화의 현장성과 실용성을 추구하는 추세임을 감안할 때, 이 교재는 학습자 상호간의, 그리고 학습자와 교사간의 활동 학습을 통해 '의사소통'을 입체적으로 구사할 수 있도록 했다. 학습자의 교수 목표와 수준, 흥미 및 실용성 등도 반영하여 흥미진진하게 교과 과정을 이수토록 각 단원을 구성하였다.

　본 교재의 집필은 외국인 학습자를 다년간 강의하여 한국어 교육 경험이 풍부한 현 성균어학원 교사들이 중심이 되었다. 집필자 개개인은 국어학이나 국문학을 전공하여 전문성을 확보하고 외국 유수 대학에서 다년간의 한국어 교육 경험을 갖고 계신 분들이고, 한국어 교재 개발에 대한 경험자로서 그 중심이 되었기에 보다 신뢰를 더한다고 하겠다.

　끝으로 이 교재가 나오기까지 행정적 지원을 아낌없이 해주신 성균어학원 조승현 실장과 조용우 선생, 그리고 성균관대학교 출판부 여러분의 노고에 다시금 감사의 말씀을 전한다.
　더불어 외국인에게 한국어를 올바로 가르치기 위한 올바른 교수 요원과 교재의 필요성이 날로 증가하는 요즘, 이 교재가 학습자의 한국어 능력 향상에 실질적인 도움이 되기를 진심으로 바라는 바이다.

2006년 3월

성균어학원장 김동욱

일러두기

　본 교재는 한국어를 학습하는 외국인에게 보다 효율적으로 '말하기'와 '듣기'를 교육하기 위하여 집필한 회화(會話) 중심의 교재 12권 중 제4권이다. 교재 집필은 한국어를 자연스럽게 말하고 싶어하는 외국인 학습자가 접할 수 있는 상황을 고려하여 현장성을 높였으며, 각 발화 현장에서 나타날 수 있는 생활 회화를 학습자가 스스로 말할 수 있도록 상황 중심으로 구성하였다. 또한 회화 교재의 중심 내용인 듣기와 말하기, 그리고 대화 상대에 따라 달라지는 높임말과 격식체 대화에 역점을 두어 체계적인 한국말을 실생활에서 자신있게 말하고 응용할 수 있도록 했다. 본 교재의 활동은 말하기와 듣기, 듣고 따라하기, 역할 나누어 대화하기, 상황에 맞는 대화하기 등 다양한 참여를 통해 흥미 유발을 하고 있다.

　본 교재 제4권은 10개의 단원으로 이루어져 있으며, 각 단원은 2개의 단위로 이루어져 총 50시간의 강의를 염두에 두고 구성하였다. 각 단원은 〈도입〉, 〈제1대화〉, 〈발음 연습〉, 〈활동1〉, 〈제2대화〉, 〈듣기 연습〉, 〈활동2〉로 구성되어 있다.

　〈도입〉은 해당 단원에서 학습할 상황과 주제를 학습자 스스로 생각해 내고, 준비하게 하는 역할을 한다. 그러므로 〈도입〉은 학습하고 구성할 대화가 어떠한 상황에서 발화되며 필요한 것인지를 준비하게 하는 기능을 한다.

　〈제1대화〉는 대화 구성에 필요한 단어와 표현을 상황 제시와 그림 등을 통하여 알려주고 학습자가 스스로 적절한 대화를 자유롭게 만들어 가도록 하는 부분이다. 또한 현장에서 발화될 수 있는 대화를 후반에 제시함으로써, 학습자의 선행 활동 이후에 제시된 대화로 점검하고 확인하는 부분이다.

　〈발음 연습〉은 언어 학습에 가장 기본이며 핵심인 발음과 듣기, 말하기를 반복하여 학습하는 부분으로 각 단계에서 반드시 학습해야 할 음운 현상과 발음 등을 듣고 따라하거나 써 봄으로써 그 근본 원리를 이해하는 부분이다. 본 교재에서는 대화 내용 중 학습자가 반드시 알아야 할 부분을 중심으로 연습할 수 있게 하였다.

　〈활동1〉은 〈제1대화〉를 통하여 학습한 내용을 반복과 응용을 통하여 익히고 확인하는 과정이다. 더불어 〈활동〉에서는 학습자 상호 간이나 교사와 학습자 간의 주제에 따른 자유로운 대화가 발현되도록 하여 학습의 효과를 배가하고 학습자의 상황에 따른 실용성을 높이도록 하였다.

〈제2대화〉는 해당 단원의 주제를 심화시키거나 응용하여, 새로운 대화가 가능한 상황을 제시함으로써 보다 차원 높은 대화를 유도한다. 또한 〈제2대화〉에서는 학습자가 구성하는 대화 중에 일상적 표현을 삽입하여 보다 자연스러운 문형을 만들어 내도록 유도하였다.

〈듣기 연습〉은 본문 주제와 관련된 여러 가지 상황을 제시하여 듣도록 하였으며 본문에서 배운 표현이나 단어를 다시 한 번 확인하고 학습하도록 하였다. 또한 자연스러운 대화를 통해 듣기 능력을 향상하도록 구성하였다.

각 듣기 연습에는 CD 트랙 번호가 씌어 있어 학습자가 편리하게 CD를 이용할 수 있도록 하였다.

〈활동2〉도 〈활동1〉과 마찬가지로 〈제2대화〉를 통하여 학습한 내용을 반복과 응용을 통해 익히고 확인하는 과정이다. 단원에 따라 2개 이상의 〈활동〉이 제시되어 보다 다양한 상황에서 학습자가 대화 내용을 연습하고 이해하여 학습 내용을 확인하고 평가하도록 하였다.

이러한 구성 이외에 교재의 후반부에 〈듣기 문제 지문과 답〉을 별첨하여 학습자에게 도움이 되고자 하였다.

〈본문의 영어 번역〉은 교재의 내용 중 〈제1대화〉와 〈제2대화〉를 영어로 완전히 번역하여 학습자의 본문 이해 정도를 높이고 혼자서도 학습할 수 있도록 하였다.

교재 구성

단원 제목	기능	문법과 표현	발음 연습	듣기 연습	활동
1. 머리하기	- 미용실에서 필요한 말하기 - 이유 표현하기 - 비유하기	- 아/어 보이다 - -느라고 - -처럼	- 겹받침 뒤 경음화(ㄼ+ㄱ,ㄷ,ㅅ,ㅈ)	- 의향에 대한 묘사를 듣고 내용파악하고 그림 찾기	- 원하는 머리 모양 이야기하기 - 외모에 대한 정보로 사람 찾기
2. 외국 생활	- 외국에서 살면서 부딪치게 되는 상황 말하기	- -(으)ㄹ 만하다 - -는 편이다 - -기가 싫다/힘들다/어렵다	- '-겠군요'	- 취업(아르바이트) 문의 전화를 듣고 내용 파악하기	- 취업에 대한 희망사항 묻고 적절한 취업 대상처 찾아주기 - 부탁하는 편지 쓰기
3. 물어보기	- 장소 찾아가는 방법 물어보기 - 사과하기	- -ㄴ지/는지 알다/모르다 - 얼마나 -ㄴ지/는지	- '쯤'	- 변명하는 대화 듣고 이유 파악하기	- 결혼식장 찾아가기 - 잘못한 이유 말하기
4. 예정	- 계획이나 예정 상황 말하기 - 약속을 지켜야 하는 이유 말하기	- -(으)ㄹ까 하다 - -기 때문에 - -아/어도 -아/어야 하다 - -는게 어때요?	- '특별히'	- 시간과 장소를 듣고 약속하기	- 지도를 보고 관람 순서 계획 짜기 - 문제 해결 방법이나 선물 제안하기
5. 문제 해결	- 문제 해결 방법에 대해 이야기하기	- -면 - -고 나서 - -았/었거든요	- '때엔'	- 문제 상황에 대한 대화를 듣고 이해하기	- 문제 상황에 적절한 해결 방법 찾고 제안하기

단원 제목	기능	문법과 표현	발음 연습	듣기 연습	활동
6. 휴가 계획	- 경험에 대해서 이야기하기 - 휴가 계획 세우기	- -기로 하다 - -ㄴ 적이 있다/없다 - -(으)로 해서 - -자마자	- '-기로'	- 여행 계획에 대해서 듣고 이해하기	- 파티 계획 세우기 - 길 찾아가는 경로 이야기하기
7. 출장	- 회사 생활에서 일어날 수 있는 상황 이해하기 - 변화된 상황에 대해 이야기하기	- -게 되다 - -았/었거든요 - -(으)ㄹ 줄 알다	- '-았/었거든요'	- 고향에 있는 친구와의 전화 통화 내용 듣고 내용 파악하기	- 달라진 상황 설명하기 - 한국에 와서 달라진 상황 이야기하기
8. 수료식	- 수료식에 하는 일에 대해서 이야기하기 - 핑계 대기	- -(이)랑 - -(으)ㄴ/는 척하다 - -어야겠다	- '-아야/어야겠다'	- 곤란한 상황에 대한 대화를 듣고 이유 찾기	- 곤란한 상황에서 하는 행동에 대해 이야기하기 - 적절한 핑계 대기
9. 기간	- 시간의 경과 설명하기 - 곤란한 상황에 대해 이야기하기	- -을/를 위해 - -기 위해 - -(으)ㄴ 지 - -만에 - -(으)ㄹ 뻔하다	- '-ㄹ 뻔하다'	- 곤란한 상황 표현이 들어간 이야기를 듣고 그 이유 찾기	- 시간이 얼마나 경과했는지 이야기하기 - 행동의 목적에 대해서 이야기하기
10. 비교	- 과거와 현재의 상황 비교하기 - 다른 사람과 비교하기	- -에 비해 - -아/어다가 - -지 그러세요?	- 겹받침 'ㅄ'	- 기업이나 공식적인 자리에서 행해지는 자기소개를 듣고 이해하기	- 각 나라의 상황과 자기 나라의 상황 비교하기

한국 고전소설 「심청전」의 첫머리

차 례
contents

열녀춘향수졀가라

숙종대왕직위초의 셩덕이너부시사 셩자
셩손은계계승승하사 금고옥뎍은 요슌시졀이오의
관문물은 우탕의 버금이라 좌우보필은 쥬
셕지신이오 용양호위는 일당졍장이라 조졍의 흐르
난덕화 힝공의 펴여잇고 사히의 구든기운
원의 셩 엿다 츙신은 만조졍이오 회자 열여
가가재라 미진여 우슌풍조혼 이 일더 젼 셩명
젼라도 남원부의 월미라 호난 이할 임이라 후 방
변이잇시 도쳐 쟝명지쥬의 목국가츙신지후
여람일을 젼 츙회로 음셔 츙회누으로 올여보시고
츙회로 바로튁출 츙산좌복지관으로 용
실노사이할 임으로과 쳔헤관의 금산군수 허비
호야 남원부 사도슈 츙신 이 할임이사 우슈비
즁직 후고 직시 힝 후 여 남원부의 도임 후
셴치 인졍 후 아 사방의 일이 업고 군번셜널우광후

1 머리하기

파마

셋팅

커트

단발

?

1. 한국에 온 후에 미용실에 가 봤습니까?

2. 얼마나 자주 미용실에 갑니까?

3. 어떤 머리 모양을 좋아합니까?

4. 머리를 하는 데 보통 돈이 얼마나 듭니까?

5. 이 여자에게는 어떤 머리 모양이 어울립니까?

1-1 앞머리를 짧게 잘라 주세요

▷ 미용실에 갔습니다. 미용실에서 어떻게 말할까요?
친구와 함께 이야기해 보세요.

파마하다

머리를 자르다

머리를 다듬다

드라이하다

염색하다

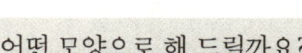

어떤 모양으로 해 드릴까요?

어떤 스타일로 하시겠습니까?

이 사진처럼 해 주세요.

요즘 유행하는 헤어스타일이에요.

머리를 감다

드라이기로 머리를 말리다

머리를 기르다

면도하다

마사미 씨가 머리를 하러 갔습니다.

미용사 어서 오세요. 이리 앉으세요.
마사미 머리가 좀 길어서 자르려고 하는데요.
미용사 어떻게 잘라 드릴까요?
마사미 머리가 길어서 더워 보이니까 짧게 잘랐으면 좋겠어요.
　　　　앞머리는 짧게 자르고 옆머리는 조금만 다듬어 주세요.
　　　　이 사진처럼 해 주세요.
미용사 네, 알겠습니다.

 ## 잘 들어 보세요 CD1-2

1. 잘 듣고 따라해 보세요.

　1) 앞머리는 짧게 자르고 싶어요.

　2) 더우니까 짧은 것이 좋아요.

　3) 맑은 날씨보다 조금 흐린 날이 좋아요.

　4) 가 : 책 좀 빌려 주세요.

　　　나 : 다 읽고 빌려 드릴게요.

2. 잘 듣고 써 보세요.

　1) 가 : 쇼핑을 많이 했어요?

　　　나 : 날씨가 더워져서 ＿＿＿＿＿＿＿＿＿＿＿＿와/과 셔츠를 한 장 샀어요.

　2) 가 : 어떤 책을 빌려 줄까요?

　　　나 : 내용이 긴 책은 읽기가 어려우니까 ＿＿＿＿＿＿＿＿＿＿＿을 빌려 주세요.

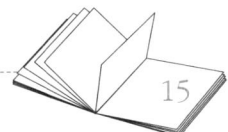

 # 함께 이야기해 보세요

▷ 미용실에 가서 머리를 하려고 합니다.
  한 사람은 미용사가 되고 한 사람은 손님이 되어서 대화해 보세요.

 학생 1 나는 미용실의 손님입니다. 지금의 머리 모양이 마음에 들지 않습니다.
바꾸고 싶은 머리 모양을 미용사에게 설명해 보세요. 그리고 미용사가 추천하는 머리 모양을
그려 보세요.

내가 하고 싶은 머리 모양	미용사가 추천하는 머리 모양

학생 2 나는 미용사입니다. 손님의 이야기를 듣고 손님의 지금 머리 모양을 그려 보세요.
그리고 손님에게 어울리는 머리 모양을 설명해 주세요.

손님이 하고 싶은 머리 모양	손님에게 어울리는 머리 모양

▶ 친구와 역할을 바꿔서 연습해 보세요.

CD1-3

민호 씨와 제니 씨가 오랜만에 길에서 만났습니다.

민호　제니 씨, 오랜만이에요. 그동안 잘 지냈어요?
제니　네, 잘 지냈어요.
　　　민호 씨, 오늘 별일 없으면 같이 연극 보러 갈래요?
민호　어, 저는 오늘 미용실에 가려고 하는데요.
　　　시험 공부하느라고 머리를 못 잘랐어요.
제니　조금 더워 보이네요.

미용실에 가다	시험 공부하다	머리를 못 자르다	덥다
밥을 먹다	일하다	밥을 못 먹다	힘이 없다
오늘 일찍 집에 가다	숙제하다	잠을 못 자다	피곤하다
목욕탕이나 찜질방에 가다	청소하다	목욕을 못 하다	힘들다

 **잘 들어 보세요** CD1-4

▷ 다음을 듣고 질문에 답하세요.

1) 무엇에 대해서 이야기하고 있습니까?
　① 가족　　　　　　　② 친구
　③ 취미　　　　　　　④ 학교 생활

2) 알맞은 사진을 고르세요.

① 　　　　②

③ 　　　　④

3) 잘 듣고 맞으면 ○, 틀리면 × 하세요.
　① 아버지의 연세는 57세이다. (　　)
　② 형은 대학생이다. (　　)
　③ 마이클은 누나와 얼굴이 닮았다. (　　)
　④ 마이클은 대학에서 무용을 했다. (　　)
　⑤ 마이클의 아버지는 농구 선수이다. (　　)

 ## 함께 이야기해 보세요

▷ 두사람이 되어서 이야기해 보세요.

―아 / 어 / 여 보이는데

피곤해 보이는데
요즘 바쁘세요?

젊어 보이는데
연세가 어떻게
되세요?

케이트

마이클

스티브

엠마

수닐

마리코

유미코

왕진

▷ 어제 왜……?

—느라고

전화를 못 받다

숙제를 못 하다

지하철에서 못 내리다

밥을 못 먹다

학교에 못 오다

친구를 못 만나다

가 : 어제 왜 학교에 못 왔어요?

나 : 자느라고 학교에 못 왔어요.

2 외국 생활

 잘 들어 보세요 CD1-5

1. 잠스 씨는 무엇을 합니까?

2. 잠스 씨는 운동을 잘하는 편입니까?

3. 은영 씨는 농구 경기를 본 적이 있습니까?

2-1 그 전시회는 정말 볼 만해요

—(으)ㄹ 만하다

1)

명륜식당

2)

LOVE

3)

왕의 남자

4)

제주도

은영 씨와 마이클 씨가 오랜만에 만났습니다.

은영　오랜만이네요. 그동안 잘 지내셨어요?

마이클　네, 취직 시험 준비하느라고 연락하지 못했어요.

은영　그래요? 아주 피곤하겠군요. 시험 끝나면 뭘 하고 싶어요?

마이클　대학로에서 하는 사진 전시회에 가고 싶어요.

은영　유명한 사진작가의 전시회예요?

마이클　네, 그 작가 사진 정말 볼 만해요.

은영　그런데 마이클 씨는 사진 찍는 것을 좋아하세요?

마이클　네, 좋아하는 편이에요.

 잘 들어 보세요 CD1-7

1. 잘 듣고 따라해 보세요.

　1) 취직 준비하느라고 피곤하겠군요.

　2) 중국 갔다 오느라고 힘들었겠군요.

　3) 그 식당은 음식이 맛있으니까 손님이 많겠군요.

　4) 가 : 어제 이 코트를 샀어요.

　　나 : 따뜻하겠군요.

2. 잘 듣고 써 보세요.

　1) 가 : 숙제하느라고 2시간밖에 못 잤어요.

　　나 : 그럼 아주 _____

　2) 가 : 이 책은 한자가 많아요.

　　나 : 많이 _____

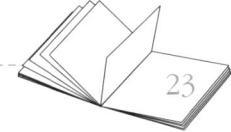

 **함께 이야기해 보세요**

▷ 마이클씨가 한국에서 취직을 하려고 합니다.
　이력서와 자기소개서를 썼습니다.

이름	마이클	
생년월일	1980년 5월 10일	
주소	서울시 종로구 명륜동 1가 53번지	
전화번호	010-123-456＊	

저는 한국에서 오랫동안 살고 싶어서 한국 회사에 취직하려고 합니다.
외국어 공부하는 것을 좋아해서 5개국어를 할 줄 압니다. 그중에서 특히 중국어를 잘하는 편입니다.
한국어도 열심히 배우고 있습니다. 그래서 무역 회사에 취직하고 싶습니다.

 학생 1 취직을 하려고 합니다. 어떤 회사에 가고 싶습니까? 어떤 일을 잘합니까?
이력서와 자기소개서를 쓰고 질문에 답하세요.

이름		
생년월일		
주소		
전화번호		

취직을 하려고 하는 사람에게 질문해 보세요. 그리고 그 사람과 잘 어울리는 일을 말해 주세요.

일하고 싶은 곳?	무역 회사
그 일을 하고 싶은 이유?	외국어를 잘합니다
일할 수 있는 시간?	오후1시 ~ 6시

	아주 잘한다	잘하는 편이다	그저 그렇다	못하는 편이다	전혀 못한다
한국어를 할 수 있습니까?					
컴퓨터를 할 수 있습니까?					
피아노를 칠 수 있습니까?					
운전을 할 수 있습니까?					
요리를 잘합니까?					
노래를 잘합니까?					
외국어를 잘합니까?					
아이들을 좋아합니까?					
여행을 좋아합니까?					

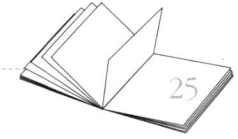

CD1-8

준서 씨가 마사미 씨에게 어제 CD를 빌려 주었습니다.
그 CD에 대해서 이야기합니다.

준서　제가 빌려 준 CD 들어 봤어요? 어땠어요?

마사미　가사가 어려워서 뜻을 이해하기가 좀 힘들었어요.

　　　하지만 듣기 좋았어요.

준서　그래요? 다른 것도 빌려 드릴까요?

마사미　네, 빌려 주세요. 그런데 외국인 친구들에게 선물할 만한 CD는 뭐가 있을까요?

준서　제가 추천해 드릴게요.

가사	어렵다
내용	어렵다
대화	복잡하다
자막	없다
설명	한국어로 되어 있다

 ## 잘 들어 보세요 CD1-9

▷ 다음을 듣고 질문에 답하세요.

1) 마이클 씨는 왜 전화했습니까?
   ① 비행기 표를 예약하려고
   ② 대학 입학 시험을 보려고
   ③ 한국어 수업을 들으려고
   ④ 여행사에 취직하려고

2) 마이클 씨는 언제 이력서를 내야 합니까?
   ① 7월 1일 ~ 7월 6일　　　　② 1월 1일 ~ 1월 6일
   ③ 7월 2일 ~ 7월 9일　　　　④ 2월 1일 ~ 7월 9일

3) 이력서를 내려면 무엇이 필요한가요? 모두 고르세요.
   ① 전화번호 (　　　)　　　　② 우표 (　　　)
   ③ 사진 (　　　)　　　　　　④ 등록금 (　　　)
   ⑤ 주소 (　　　)

4) 잘 듣고 맞으면 ○, 틀리면 × 하세요.
   ① 마이클 씨는 한국어를 못합니다. (　　　)
   ② 마이클 씨는 한국어를 1년 6개월 동안 공부했습니다. (　　　)
   ③ 마이클 씨는 대학을 졸업한 후에 한국어를 공부하고 있습니다. (　　　)

 # 함께 이야기해 보세요

▷ 미국에서 같이 공부한 친구에게 편지를 받았습니다.

> 지연 씨에게
>
> 그동안 잘 지내셨어요?
>
> 지금 미국은 무척 더운데 한국은 어떤가요? 날씨가 많이 더우니까 건강 조심하세요.
>
> 저는 다음 달부터 방학이어서 한 달 동안 한국에 여행 가려고 해요. 그런데 한국 여행이
> 처음이라서 걱정이 돼요. 가 보고 싶은 곳도 많고 먹고 싶은 것도 많고 배우고 싶은 것도
> 많아요. 한국에서 가 볼 만한 곳이 어디인가요? 무엇을 하는 것이 좋을까요?
>
> 괜찮으시면 지연 씨가 추천을 좀 해 주시면 좋겠어요.
>
> 편지 기다릴게요.
>
>
>
> 2005. 7. 20 뉴욕에서 안나

▷ 친구에게 한국 여행에 대한 안내를 해 주려고 답장을 썼습니다.

> 안나 씨에게
>
> 안나 씨 정말 반가워요.
>
> 한국에 오면 연락하세요. 꼭 만나고 싶어요.
>
> 한국에 오면 먼저 제주도에 가 보세요.
>
> 한라산도 아름답고 바다도 깨끗해서 가 볼 만해요.
>
> 한국 역사와 문화에 대해서 알고 싶으면 경주나 민속촌에도 한 번 가 보세요.
>
> 한국의 옛날 집들과 거리들이 있어서 구경할 만해요.
>
> 그리고 _____
>
> 2005. 7. 25 서울에서 지연

학생 1 앞글처럼 외국에 사는 친구에게 여행 안내를 부탁하는 편지를 써 봅시다.

_____에게

그동안 잘 지내셨어요?

_____

_____

_____

2006.   .   . _____가

어디를 소개해 주는 것이 좋을까요?
친구에게 자기 나라의 유명한 곳을 소개하는 편지를 써 보세요.

⊙ 친구들과 같이 의논한 후에 지도를 그리고 표시해 봅시다.

_____에게

_____

_____

_____

_____

2006.   .   . _____가

3 물어보기

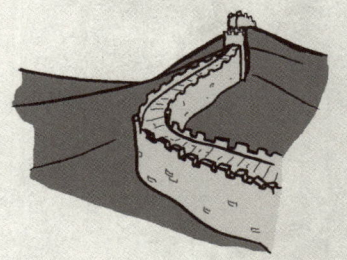

1. 이곳을 여행해 보았습니까?

2. 이곳들이 어디에 있는지 아십니까?

3. 알고 싶은 것이 있으면 어떻게 합니까?

3-1 세종문화회관이 어디에 있는지 아세요?

▷ 그림을 보고 그곳에 대해 친구에게 물어보세요.

1) 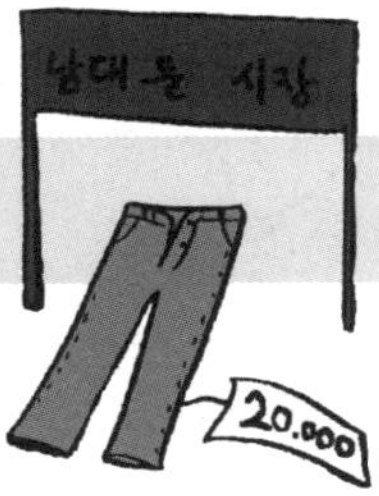

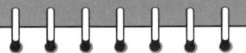

2) 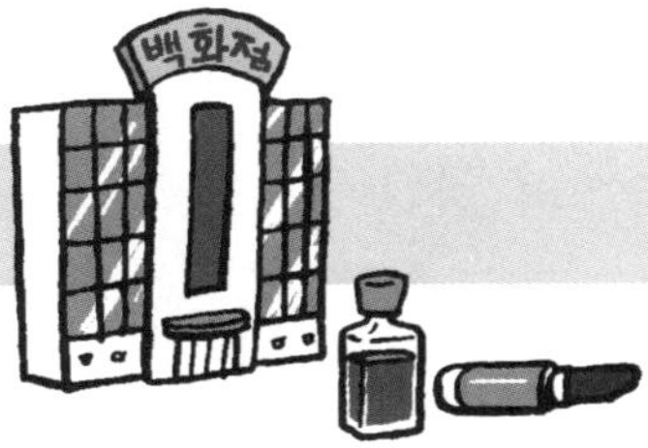

3) 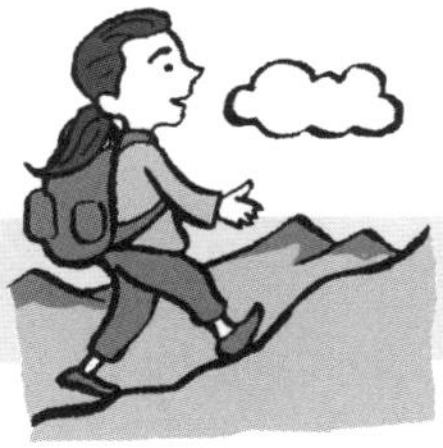

4) 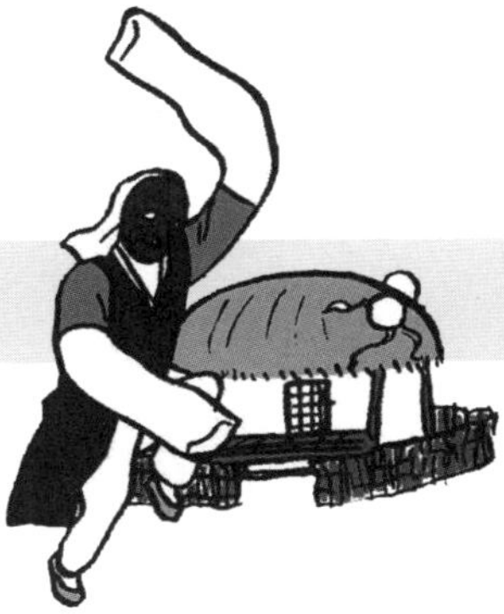

5) 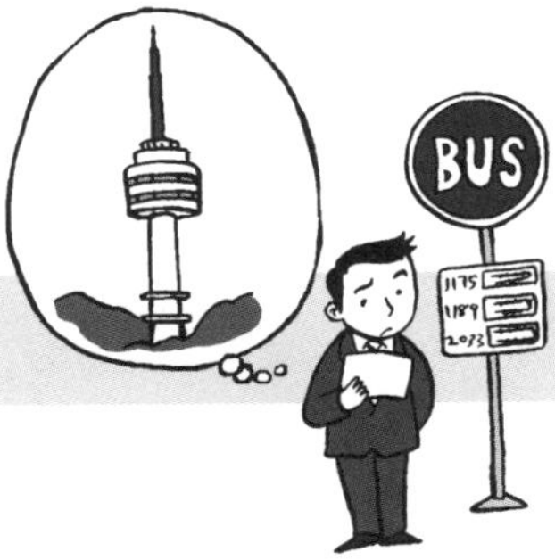

6) 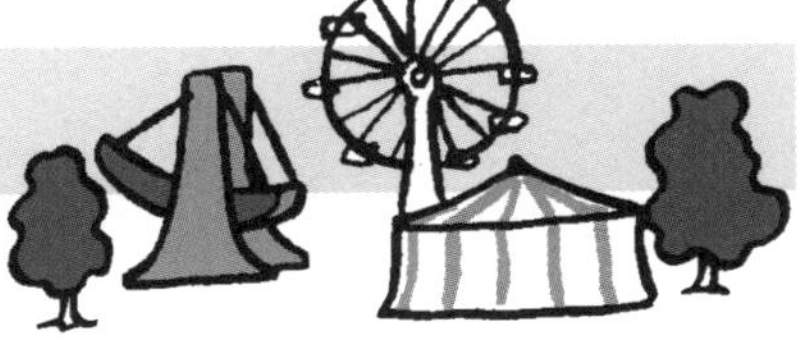

- 민속촌
- 서울 타워
- 남대문 시장
- 놀이 공원
- 한라산

어디에 있는지 알아요?

- 네, 어디에 있는지 알아요.
- 아니요, 어디에 있는지 몰라요.

마이클 씨가 지도를 보고 있습니다.

제니	마이클 씨, 그게 뭐예요?
마이클	서울 안내 지도예요.
제니	뭘 찾고 있어요?
마이클	사물놀이를 보고 싶어서 세종문화회관에 가려고 하는데요. 세종문화회관이 어디에 있는지 아세요?
제니	네, 알아요. 학교에서 버스로 30분쯤 걸려요.
마이클	그래요? 그런데 제니 씨는 사물놀이를 봤어요?
제니	네, 2년 전에 한 번 봤는데 아주 좋았어요.

 ## 잘 들어 보세요 CD1-11

1. 잘 듣고 따라해 보세요.

   1) 학교에서 버스로 30분쯤 걸려요.

   2) 서울에서 기차로 4시간쯤 걸려요.

   3) 광화문에서 지하철로 1시간 40분쯤 걸려요.

2. 잘 듣고 써 보세요.

   1) 가 : 학교에서 명동까지 얼마나 걸려요?

      나 : 버스로 _____ 걸려요.

   2) 가 : 서울에서 부산까지 얼마나 걸려요?

      나 : 부산까지 _____ 걸려요.

 ## 함께 이야기해 보세요

학생 1 직장 동료인 은영 씨에게 결혼식 초대를 받았습니다.
그런데 청첩장의 내용이 정확하게 보이지 않습니다.
다른 동료에게 물어서 완성해 보세요.

—는지 알아요?

—이/가 어디인지 알아요?

—이/가 언제인지 알아요?

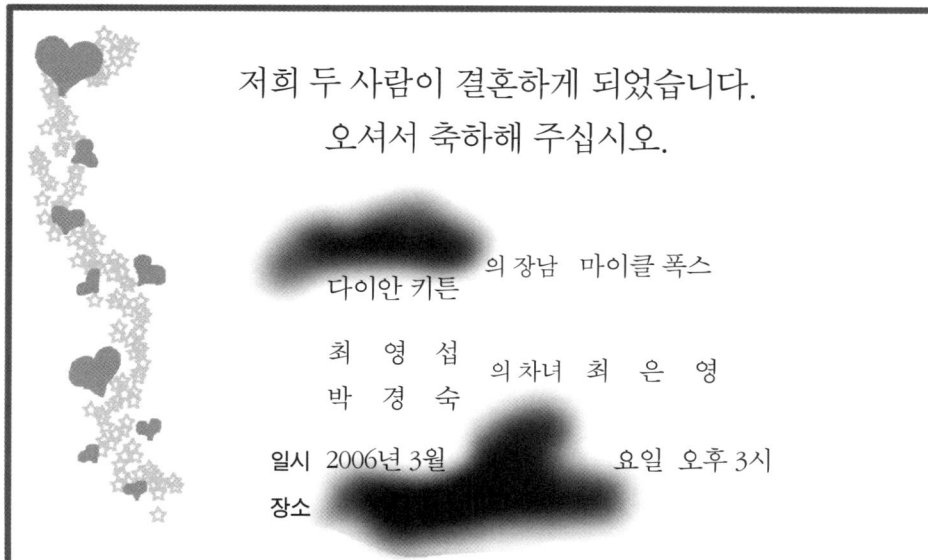

저희 두 사람이 결혼하게 되었습니다.
오서서 축하해 주십시오.

의 장남   마이클 폭스
다이안 키튼

최 영 섭
의 차녀   최 은 영
박 경 숙

일시   2006년 3월   요일 오후 3시
장소

교통편 안내

지하철 : 4호선   번 출구)

일반버스 : 버스 567번, 932

☎ (02) 760-123*

학생 2 직장 동료인 은영 씨에게 결혼식 초대를 받았습니다.
그런데 청첩장의 내용이 정확하게 보이지 않습니다.
다른 동료에게 물어서 완성해 보세요.

—는지 알아요?

—이/가 언제인지 알아요?

—이/가 누구인지 알아요?

저희 두 사람이 결혼하게 되었습니다.
오셔서 축하해 주십시오.

로버트 폭스
다이안 키튼   의 장남

최 영 섭   최 은 영

일시 2006년   30일 토요일 오후 3시
장소 성 균 예 식 장

교통편 안내

지하철 : 4호선 혜화역 (1번 출구)
일반버스 :
☎ (02) 760-

CD1-12

게이코 씨가 민지 씨를 기다립니다.

게이코   민지 씨, 점심 먹으러 가요.

민지   뭘 먹을까요?

게이코   성대 식당의 냉면을 먹어요. 거기 냉면이 얼마나 맛있는지 몰라요.

민지   날씨가 추운데 삼계탕을 먹는 게 어때요?

게이코   좋아요. 그럼 오늘은 삼계탕을 먹고 다음에 냉면을 먹어요.

김치찌개

생선찌개

된장찌개

부대찌개

냉면

삼계탕

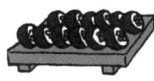
김밥

순대

떡볶이

오뎅

튀김

삼겹살

점심	맛있다	날씨가 춥다	삼계탕
저녁	싸다	시간이 없다	자장면
술	향이 좋다	고기를 안 좋아한다	햄버거
차	양이 많다	비싸다	된장찌개
		분위기가 안 좋다	캔커피
		멀다	우유
		몸이 안 좋다	

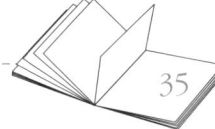

 **잘 들어 보세요** CD1-13

▷ 다음을 듣고 질문에 답하세요.

1) 은영 씨는 얼마 동안 민호 씨를 기다렸습니까?

    ① 30분   ② 1시간 30분

    ③ 10분   ④ 20분

2) 민호 씨가 늦은 이유는 무엇입니까?

    ① 한국어를 가르치느라고 늦었습니다.

    ② 교통사고가 나서 늦었습니다.

    ③ 길을 몰라서 늦었습니다.

    ④ 마이클 씨와 같이 오느라고 늦었습니다.

3) 다음을 잘 듣고 맞으면 ○, 틀리면 ×하세요.

    ① 마이클 씨는 미국에서 왔습니다. (　　　)

    ② 마이클 씨는 한국어 공부 하러 한국에 왔습니다. (　　　)

    ③ 민호 씨는 미국에서 회사에 다닐 겁니다. (　　　)

    ④ 민호 씨는 마이클 씨의 한국어 선생님입니다. (　　　)

 # 함께 이야기해 보세요

▷ 아래의 상황을 보고 대화를 만들어 보세요. 어떻게 사과를 하면 좋을까요?

가 : 손님
나 : 미용사

가 : 어머, 이게 뭐예요.
나 : 죄송합니다.
가 : _____
나 : _____

가 : 기다리는 남자
나 : 늦게 온 여자

가 : _____
나 : _____
가 : _____
나 : _____

가 : 커피 쏟은 여자
나 : 책 주인

가 : _____
나 : _____
가 : _____
나 : _____

가 : 자동차 기사
나 : 트럭 기사

가 : _____
나 : _____
가 : _____
나 : _____

4 예정

1. 연휴입니다. 연휴에 계획이 있습니까?

2. 방학에는 무엇을 합니까?

3. 이번 방학에는 무엇을 할 겁니까?

4-1 동물원부터 갈까 해요

▷ 친구와 함께 과천 서울대공원과 미술관에 갔습니다.
   어디로 갈 것인지 함께 이야기해 보십시오.

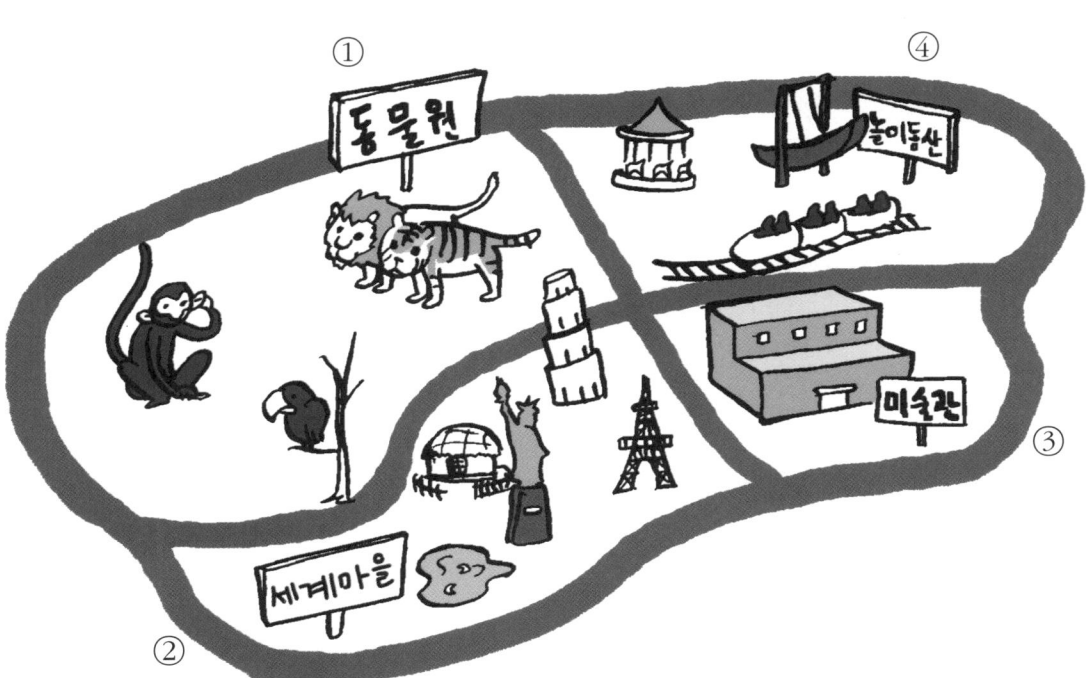

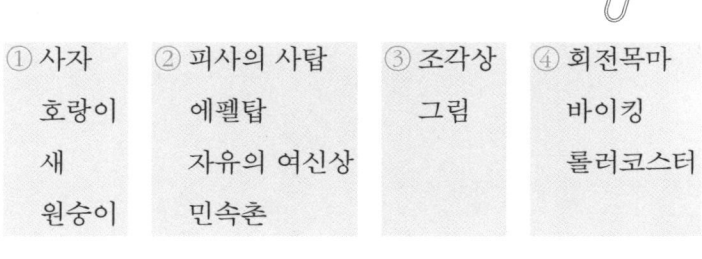

어디부터 갈 거예요?

동물원부터 갈까 해요.

① 사자	② 피사의 사탑	③ 조각상	④ 회전목마
호랑이	에펠탑	그림	바이킹
새	자유의 여신상		롤러코스터
원숭이	민속촌		

왕호 씨가 주말에 친구들과 과천에 갔습니다.
과천에는 놀이동산과 미술관과 동물원이 있습니다.

왕호 　 자, 어떻게 할까요?

제임스 　 놀이동산부터 가는 것이 어때요?

사유리 　 저는 미술관부터 갈까 하는데요.

왕호 　 왜요?

사유리 　 일찍 문을 닫기 때문에 미술관에 먼저 가려고 해요.

제임스 　 왕호 씨는 어때요?

왕호 　 저는 처음이라서 두 분이 가는 곳을 따라 가려고요.

사유리 　 특별히 가고 싶은 곳이 없어요?

왕호 　 저는 호랑이를 보러 동물원에 가고 싶어요.

 잘 들어 보세요 CD1-15

1. 잘 듣고 따라해 보세요.

　1) 특별히 가고 싶은 곳이 있어요?

　2) 특별히 먹고 싶은 요리가 없어요.

　3) 가 : 주말에는 무엇을 하세요?

　　나 : 특별히 하는 일이 없어요.

2. 잘 듣고 써 보세요.

　1) 가 : 오늘 어디에 가 보고 싶으세요?

　　나 : _____ 가고 싶은 곳은 없는데요.

　2) 가 : 주말에 뭘 하세요?

　　나 : _____ 하는 일이 없어요. 집에서 보통 쉬어요.

 **함께 이야기해 보세요**

▷ 그림을 보고 이야기해 보십시오.

가 : 성민 씨의 집들이에 무엇을 선물할 거예요?

나 : 비누를 선물할까 해요. 무엇을 선물할 거예요?

가 : 비누는 많이 선물하기 <u>때문에</u> 그릇을 선물<u>할까 해요.</u>

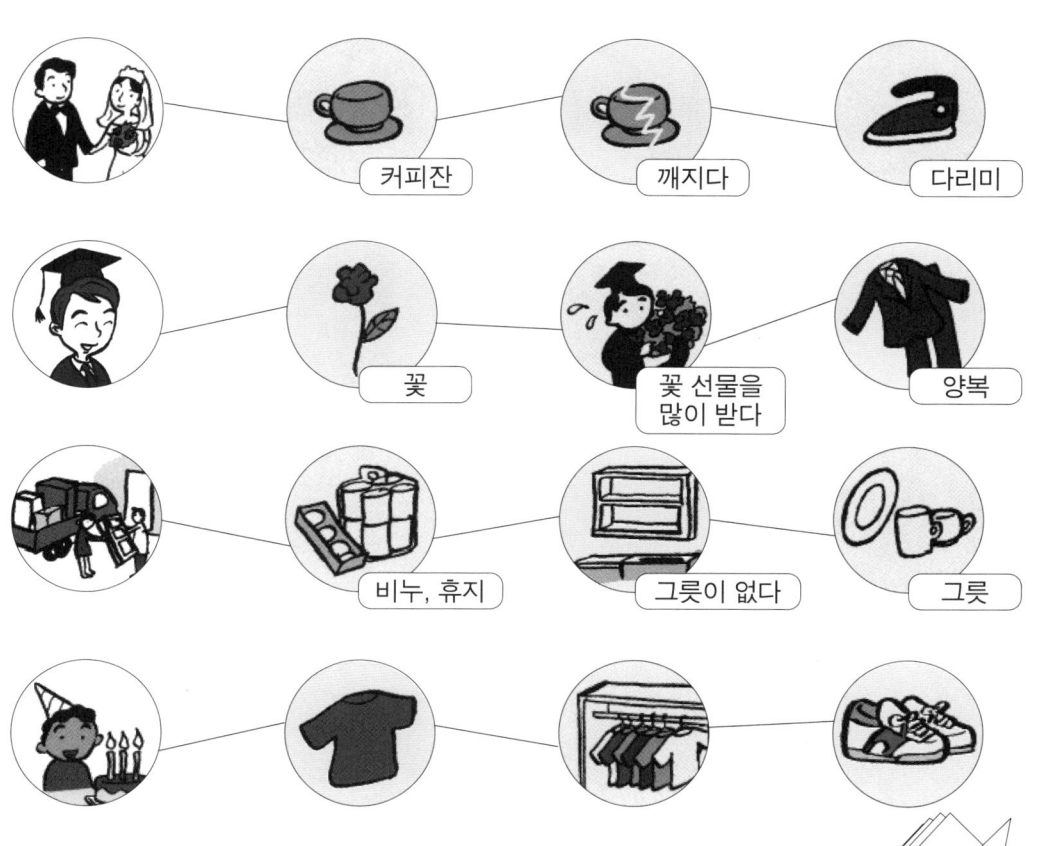

 **함께 이야기해 보세요**

▷ 지도를 보면서 친구와 어떻게 하루를 보낼지 이야기해 봅시다.
  제일 먼저 하고 싶은 일부터 순서대로 정하고 그 이유도 이야기해 봅시다.

─부터	9:00	12:00	2:00	6:00	9:30

─는게 어때요?

─ㄹ까 해요

동물원

놀이동산

미술관

세계마을

CD1-16

제임스 씨와 사오리 씨가 여행에 대해 이야기합니다.

제임스 사오리 씨, 내일 휴일인데 뭐 할 거예요?
사오리 친구랑 설악산에 갈 거예요.
제임스 내일 날씨가 안 좋을 것 같은데, 괜찮겠어요?
사오리 시간이 내일밖에 없으니까 안 좋아도 가야 해요.
제임스 날씨가 안 좋으면 가지 마세요. 위험해요.

설악산에 가다	날씨가 안 좋다
놀이 공원에 가다	눈이 많이 오다
자전거를 타다	비가 오다
인라인 스케이트를 타다	바람이 많이 불다
야외 콘서트에 가다	사람이 많다

위험하다

오래 기다리다
춥다
힘들다

 **잘 들어 보세요** CD1-17

▷ 다음을 듣고 질문에 답하세요.

1) 진수 씨는 왜 사오리 씨에게 전화했습니까?

　　① 사오리 씨를 생일잔치에 부르려고

　　② 사오리 씨가 바쁘니까

　　③ 사오리 씨가 늦을 것 같아서

　　④ 사오리 씨를 졸업식에 부르려고

2) 진수 씨는 누구에게 먼저 전화를 했습니까?

　　① 유미　　　　　　② 사오리

　　③ 왕호　　　　　　④ 제임스

3) 졸업식은 몇 시부터 시작합니까?

　　① 9시　　　　　　② 10시

　　③ 11시　　　　　　④ 12시

 **함께 이야기해 보세요**

▷ 그림을 보고 '─아/어/여도'를 사용해서 친구와 이야기를 만들어 봅시다.

예)

─아 / 어 / 여도

가 : 숙제가 어려워서 하기 싫어요.

나 : 안 돼요. _____

가 : _____

1)

가 :

나 :

가 :

2)

가 :

나 :

가 :

3)

가 :

나 :

가 :

4)

가 :

나 :

가 :

 ## 함께 이야기해 보세요

▷ 처음 기숙사에 온 친구에게 해도 되는 것과 하면 안 되는 것을 이야기해 주세요.

가 : 방에서 담배 피워도 돼요?

나 : 아니요, 방에서 담배 피우면 안 돼요.

가 : 휴게실에서 이야기해도 돼요?

나 : 네, 이야기해도 돼요.

─아도 돼요?

─(으)면 안돼요.

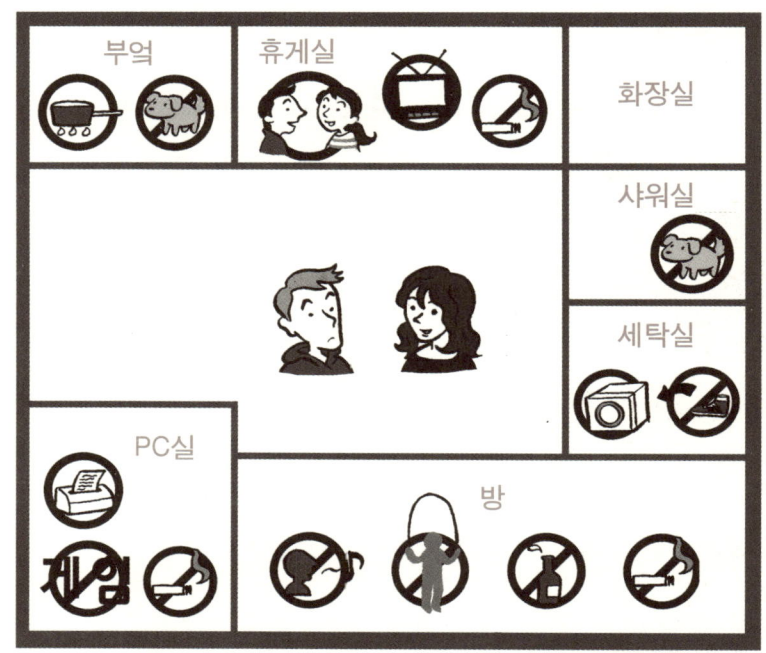

2. 백화점에서

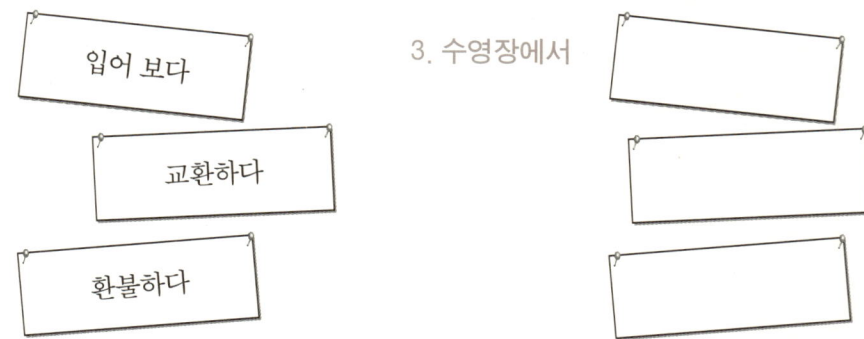

입어 보다

교환하다

환불하다

3. 수영장에서

5 문제 해결

▷ 이럴 때는 어떻게 합니까? 친구와 이야기해 보세요.

열이 나다

기분이 좋다

배가 아프다

눈이 오다

비가 오다

기분이 나쁘다

5-1 힘들 때에는 어떻게 해요?

▷ 힘들 때에는 어떻게 합니까? 친구들과 이야기해 보세요.

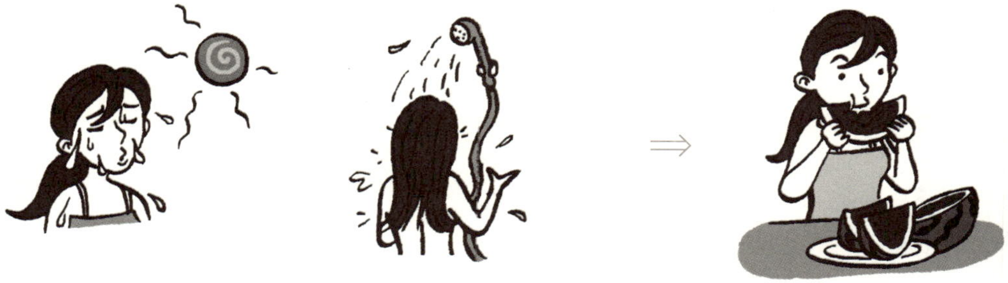

—(으)ㄹ 때에는　　　　—고 나서

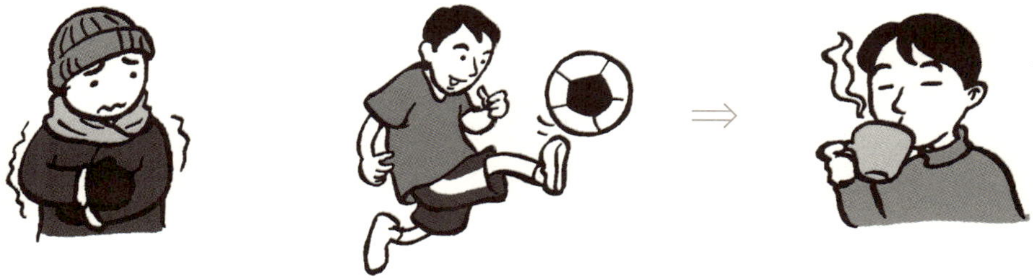

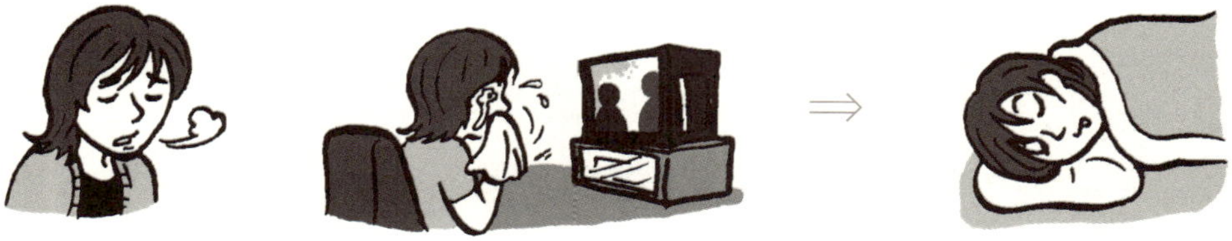

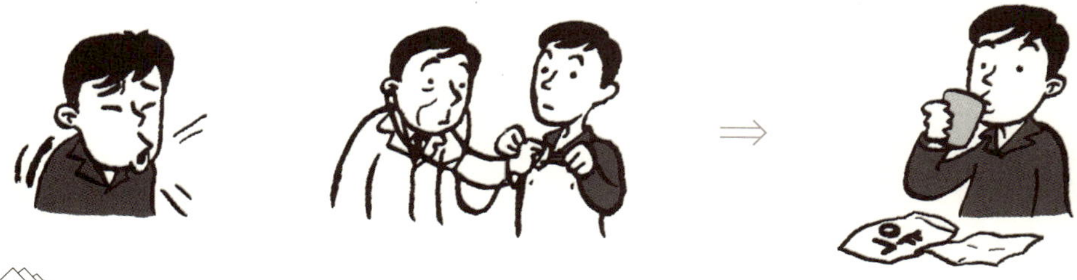

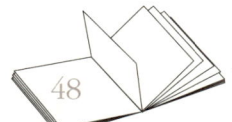

CD1-18

요즘 날씨가 많이 덥습니다. 제임스 씨와 왕호 씨가 이야기를 합니다.

제임스 왕호 씨, 날씨가 많이 더워졌지요?
왕호 네, 많이 더워졌어요.
제임스 날씨가 더워서 공부하기 힘들지요?
왕호 네, 고향보다 많이 더워서 힘들어요.
제임스 더워서 공부하기 힘들 때에는 어떻게 해요?
왕호 더울 때엔 샤워를 하고 나서 수박을 먹어요.
　　　 그러면 시원해져요.

 잘 들어 보세요 CD1-19

1. 잘 듣고 따라해 보세요.
1) 더울 때엔 샤워를 하고 나서 수박을 먹어요.
2) 힘들 때엔 부모님께 전화합니다.
3) 이해하기 어려울 때엔 선생님께 물어봅니다.
4) 가 : 감기 때문에 목이 많이 아파요.
　나 : 목이 많이 아플 때엔 따뜻한 물을 드세요.

2. 잘 듣고 써 보세요.
1) 가 : 공부가 안 되면 어떻게 합니까?
　나 : _____ 친구와 영화를 봅니다.
2) 가 : 단어가 어려우면 어떻게 합니까?
　나 : _____ 사전을 찾습니다.

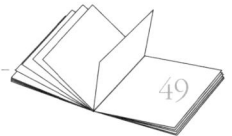

CD1-20

제임스 씨가 사오리 씨를 만났습니다. 사오리 씨가 피곤해 보입니다.

제임스 사오리 씨, 힘이 없어 보이는데 왜 그래요?

사오리 어제 이사 준비하느라고 잠을 못 잤거든요.

제임스 이삿짐은 다 쌌어요?

사오리 네, 다 쌌어요.

제임스 그런데 짐은 혼자 다 옮길 수 있어요?

사오리 큰 짐이 많아서 걱정이에요.

제임스 그러면 왕호 씨와 제가 도와 드릴게요. 너무 걱정하지 마세요.

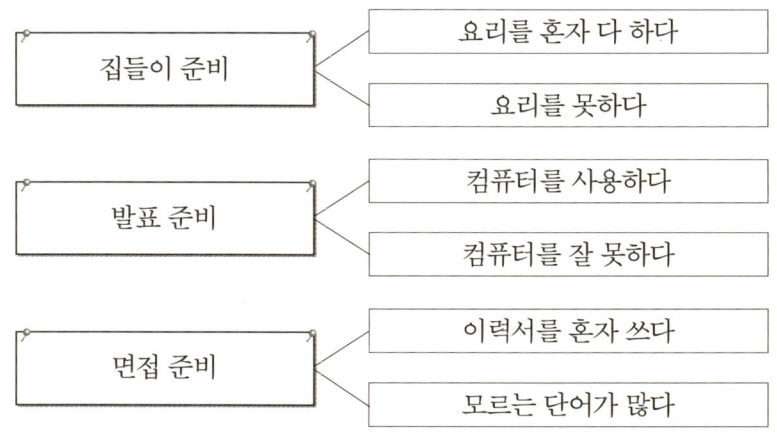

| 집들이 준비 | 요리를 혼자 다 하다 |
| | 요리를 못하다 |

| 발표 준비 | 컴퓨터를 사용하다 |
| | 컴퓨터를 잘 못하다 |

| 면접 준비 | 이력서를 혼자 쓰다 |
| | 모르는 단어가 많다 |

 ## 잘 들어 보세요 CD1-21

▷ 다음을 듣고 질문에 답하세요.

1) 진수 씨는 무엇을 합니까?
   ① 텔레비전을 봅니다.
   ② 설거지를 합니다.
   ③ 청소기로 청소를 합니다.
   ④ 음악을 듣습니다.

2) 음악 소리는 처음부터 컸습니까?
   ① 예   ② 아니오

3) 진수 씨는 왜 소리를 크게 했습니까?
   ① 빗소리가 너무 커서
   ② 청소기 소리가 너무 커서
   ③ 설거지 소리가 너무 커서
   ④ 음악 소리가 너무 커서

4) 음악 소리가 너무 크면 어떻게 됩니까?
      (   )가 나빠집니다.

 함께 이야기해 보세요

▷ 그림을 보면서 친구와 이야기해 봅시다.

	친구 1	친구 2	친구 3
어떻게 하면 —아/어/여져요?			

▷ 그림을 보면서 친구와 이야기해 봅시다.

가 : 왜 지각을 했습니까?
나 : 죄송합니다. 버스를 놓쳤거든요.

보기

1)

2)

3)

4)

한국 병원

5)

버스를 놓치다

6 휴가 계획

잘 들어 보세요 CD2-1

1. 유미코 씨는 인터넷으로 무엇을 하고 있습니까?
　　① 게임　　　　　　　　② 채팅
　　③ 예약　　　　　　　　④ 휴가 준비

2. 유미코 씨는 왜 인터넷 쇼핑몰에서 물건을 삽니까?
　　① 물건이 많고 편해서　　② 물건이 싸서
　　③ 물건이 좋아서　　　　④ 물건이 많아서

3. 휴가는 언제입니까?
　　① 8월 11일　　　　　　② 8월 12일
　　③ 8월 13일　　　　　　④ 8월 14일

—기로 했어요

—ㄴ 적이 있어요?

—ㄹ 만한 곳은 어디예요?

▷ 무엇을 하기로 했습니까? 친구들과 이야기해 보세요.

 휴가

 생일

 방학

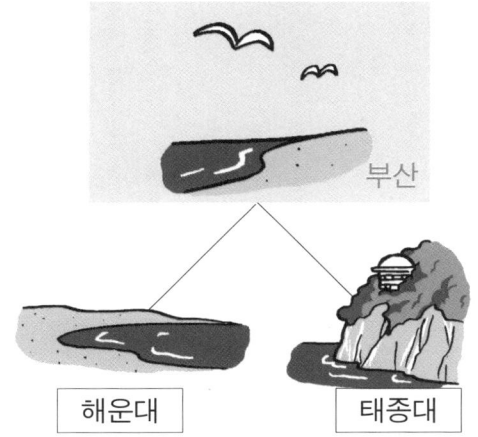 부산

해운대　태종대

 강남

코엑스　롯데월드

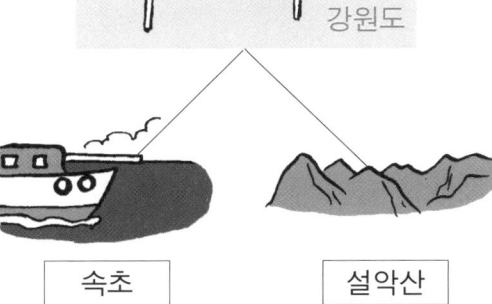 강원도

속초　설악산

 신촌

이대 앞　클럽

55

다음 주가 휴가입니다. 유미코 씨와 안젤라 씨가 휴가 계획에 대해 이야기합니다.

안젤라 유미코 씨, 다음 주가 휴가인데 계획 있어요?

유미코 네, 친구들과 여행을 가기로 했어요.

안젤라 어디로 갈 거예요?

유미코 부산에 가기로 했어요. 안젤라 씨는 부산에 가 본 적이 있어요?

안젤라 작년에 가 본 적이 있어요. 참 좋았어요.

유미코 부산에서 가 볼 만한 곳은 어디예요?

안젤라 해운대와 태종대가 가 볼 만해요.

 ## 잘 들어 보세요 CD2-3

1. 잘 듣고 따라해 보세요.

   1) 저녁을 먹기로 했어요.

   2) 설악산에 가기로 했거든요.

   3) 친구와 책을 읽기로 했어요.

   4) 가 : 친구와 무슨 노래를 듣기로 했어요?

      나 : 친구와 한국 노래를 듣기로 했어요.

2. 잘 듣고 써 보세요.

   1) 설악산에 _____ 했거든요.

   2) 저녁을 _____ 했어요.

   3) 가 : 어떤 옷을 입을 거예요?

      나 : 청바지와 티셔츠를 _____ 했어요.

 함께 이야기해 보세요

▷ 파티를 한 적이 있습니까? 친구를 위해 파티 준비를 해 보세요.

제임스 　 사유리 　 왕호

이소라 　 할아버지 　 이진수

20만원 　 1만원 5천원 　 2만원 　 9만원 　 2만원 　 5천원

30만원 　 8만원

1만원 　 20만원 　 1만원 　 5천원

3만원 　 45만원 　 2천원 　 4만원

	①1	②2	③3	④4
파티 목적				
날짜				
올 사람				
필요한 물건				
필요한 돈				
기타				

CD2-4

방학이 끝나고 제임스 씨와 사오리 씨가 만났습니다.

사오리　제임스 씨, 방학 잘 보냈어요? 재미있는 일 많았어요?

제임스　진수 씨와 같이 여행 갔다 왔어요.

사오리　어디에 갔다 왔어요?

제임스　남원에 갔다 왔어요. 먼저 고속버스를 타고 지리산에 갔어요.
　　　　지리산으로 해서 남원에 갔어요.

사오리　남원에서는 뭐 했어요?

제임스　남원에 도착하자마자 사진을 찍으면서 구경했어요.

사오리　다음에 사진을 보여 주세요.

방학
휴가
주말
연휴

지리산 → 남원
독일 → 체코
남대문 시장 → 명동
서귀포 → 한라산
충무로 → 남산
도서관 → 학교 식당

 ## 잘 들어 보세요 CD2-5

▷ 다음을 듣고 질문에 답하세요.

1) 사오리 씨는 왜 여행사에 갑니까?
   ① 친구를 만나려고
   ② 비행기표를 사려고
   ③ 기차표를 사려고
   ④ 여행사에서 일하기 때문에

2) 사오리 씨는 언제 제주도에 갑니까?
   ① 토요일과 일요일　　　② 내일
   ③ 방학　　　　　　　　④ 연휴

3) 사오리 씨는 누구와 제주도 여행을 할 겁니까?
   ① 서울에 사는 친구　　② 일본에 사는 친구
   ③ 함께 사는 친구　　　④ 제주도에 사는 친구

4) 사오리 씨는 제주도에 도착하면 제일 먼저 어디에 갈 겁니까?
   ① 민속촌　　　　　　　② 서귀포
   ③ 성산포　　　　　　　④ 한라산

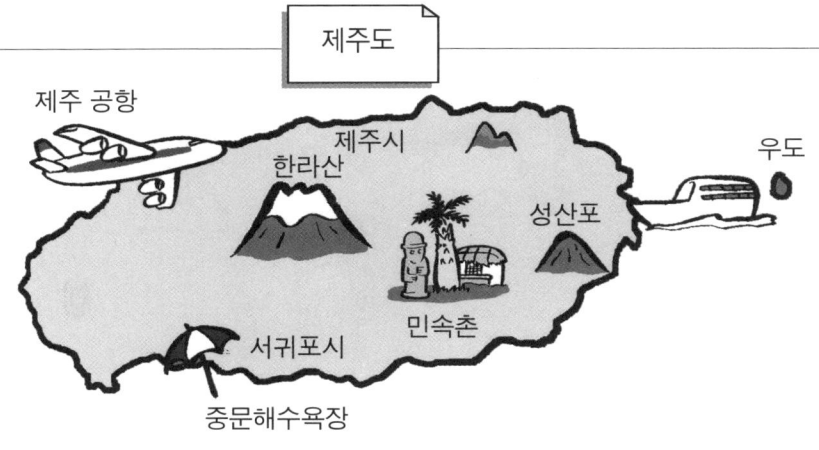

 **함께 이야기해 보세요**

▷ 〈보기〉에서 그림을 찾아 이야기해 보세요. ─자마자

친구와 싸우고 혼자 집에 왔다.
집에 오자마자 친구에게 전화했어요.

집에 가스불을 켜고 슈퍼마켓에 갔다.

여름에 운동을 해서 땀이 많이 났다.

어머니께 말씀 드리지 않고 여행을 왔다.

책을 친구가 선물했다.

〈보기〉

▷ 처음 본 사람에게 길을 물어 보세요.
　 길을 물어 본 사람에게 가르쳐 주세요.

> —(으)로 해서

가 : 대학로에서 신촌으로 어떻게 가요?
나 : 동대문운동장역으로 해서 신촌역으로 가요.

대학로 ➡ 신촌

가 : _____
나 : _____

서울 ➡ LA

가 : _____
나 : _____

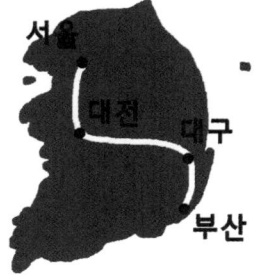

서울 ➡ 부산

가 : _____
나 : _____

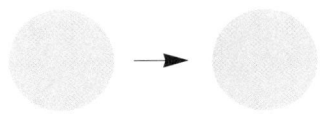

○ ➡ ○

1. 여기는 어디입니까?

2. 이 사람은 무엇을 하고 있습니까?

3. 무엇을 하려고 여기에 왔을까요?

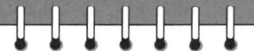

7-1 출장 가게 되었거든요

▷ 왜 거기에 있습니까? 이유를 말해 보세요.

—게 되었거든요. 그래서

[일요일, 회사]

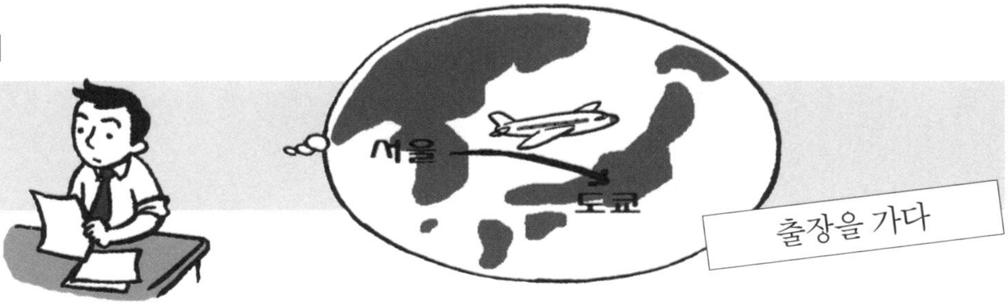
서울
도쿄
출장을 가다

[밤 11시, 도서관]

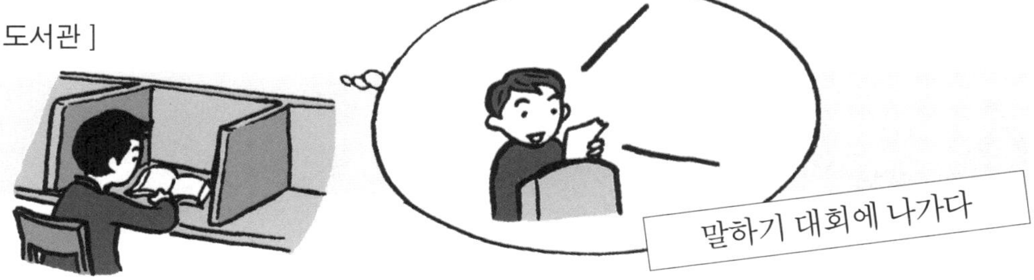
말하기 대회에 나가다

[밤 10시, 노래방]

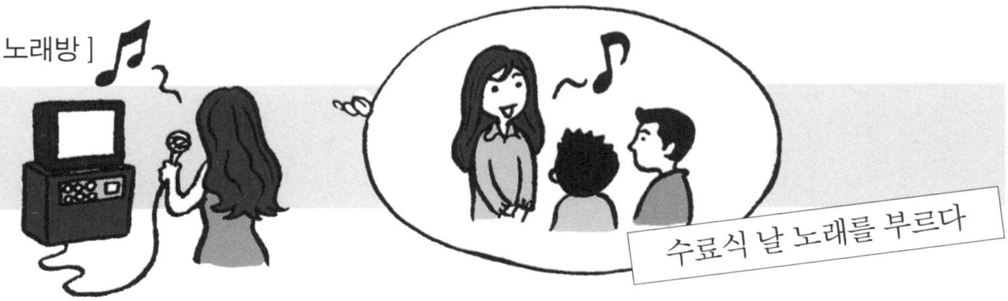
수료식 날 노래를 부르다

[새벽 7시, 영어 학원]

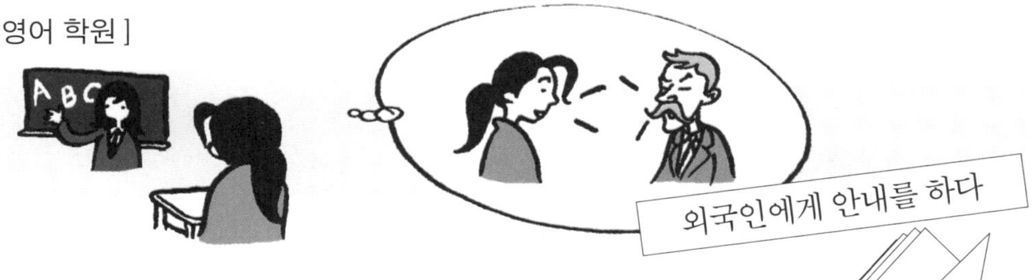
ABC
외국인에게 안내를 하다

안젤라 씨가 강민 씨에게 전화를 했습니다.

안젤라 강민 씨, 지금 어디 계세요?

이강민 회사에 있는데요.

안젤라 휴일인데 왜 회사에 가셨어요?

이강민 갑자기 도쿄로 출장 가게 되었거든요.

　　　　그래서 출장 준비를 하러 왔어요.

안젤라 인라인 스케이트를 함께 타려고 전화했는데, 안 되겠네요.

이강민 네, 오늘은 안 되겠어요. 다음에 타기로 해요.

안젤라 네, 그렇게 해요.

 잘 들어 보세요 CD2-7

1. 잘 듣고 따라해 보세요.

　　1) 갑자기 도쿄로 출장 가게 되었거든요.

　　2) 일이 있어서 숙제를 못 했거든요.

　　3) 바빠서 아침 식사를 못 했거든요.

　　4) 가 : 커피 왜 안 마셔요?

　　　　나 : 아까 마셨거든요.

2. 잘 듣고 써 보세요.

　　1) 가 : 수미 씨는 그 영화 안 봐요?

　　　　나 : 그 영화를 _____

　　2) 가 : 시험을 잘 보지 못했어요?

　　　　나 : 공부를 안 _____

 함께 이야기해 보세요

▷ 그림을 보고 친구와 이야기해 보십시오. 무엇을 해야 합니까?

1.   ···▶

가 : 제 중국 친구가 한국에 오게 되었어요.

나 : 그 친구는 한국말을 할 줄 알아요?

가 : 네, 할 줄 알아요. / 아니요, 할 줄 몰라요.

나 : 그럼, 괜찮겠네요. / 그럼, 한국어를 배워야 해요.

─게 되다

─ㄹ 줄 알다

2.   ···▶

3.   ···▶

4.   ···▶

5. ···▶

CD2-8

브랜든 씨가 강민 씨와 약속을 했습니다. 브랜든 씨가 늦을 것 같아서 전화를 합니다.

브랜든　지금 어디 계십니까? 도착하셨습니까?
이강민　가고 있는데 길을 몰라서 10분쯤 늦을 것
　　　　같습니다. 죄송합니다.
브랜든　아닙니다.
　　　　저도 차가 막혀서 조금 늦을 것 같습니다.
　　　　비가 많이 오니까 밖에서 기다리지 마시고,
　　　　빌딩 안에서 기다리십시오.
이강민　네, 알겠습니다. 못 찾으면 다시 전화 드리겠습니다.
브랜든　이따 뵙겠습니다.

길을 모르다

교통사고가 나다
비가 많이 오다
공사를 하다
차가 막히다

10분쯤

1시간쯤
30분쯤
15분쯤

비가 많이 오다

날씨가 덥다
눈이 오고 춥다
사람들이 많다
시끄럽다

 ## 잘 들어 보세요 CD2-9

▷ 다음을 듣고 질문에 답하세요.

1) 캐빈 씨는 이번 휴가 때 고향에 갑니까?

　　① 예　　　　　　　　② 아니오

2) 캐빈 씨는 왜 고향에 가지 못합니까?

　　① 일이 많아서　　　② 친구가 많아서
　　③ 표가 없어서　　　④ 시험이 있어서

3) 나미 씨는 캐빈 씨의 무엇을 걱정하고 있습니까?

　　① 휴가　　　　　　② 감기
　　③ 일　　　　　　　④ 출장

4) 캐빈 씨는 언제쯤 고향에 갈 수 있을까요?

　　① 휴가　　　　　　② 연말
　　③ 생일　　　　　　④ 추석

 함께 이야기해 보세요

▷ 그림을 보면서 한국에 와서 달라진 것을 서로 이야기해 봅시다.

-게 되다

1) 한구어? 날씨가 좋네요.

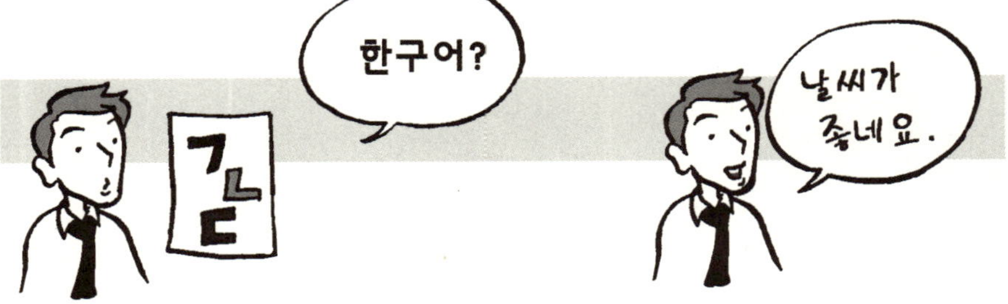

2) 태권도?

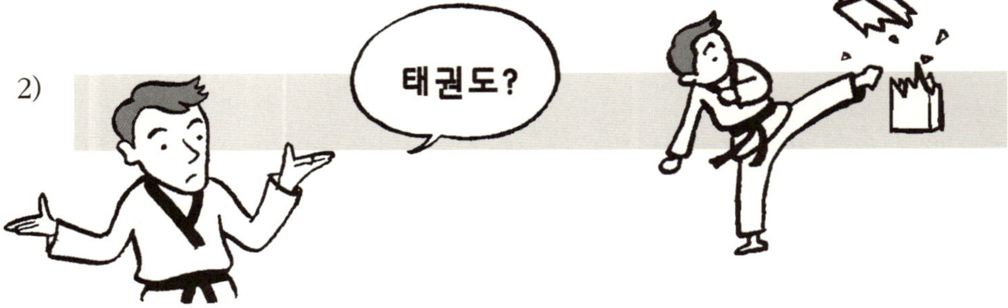

3) 자동차 운전?

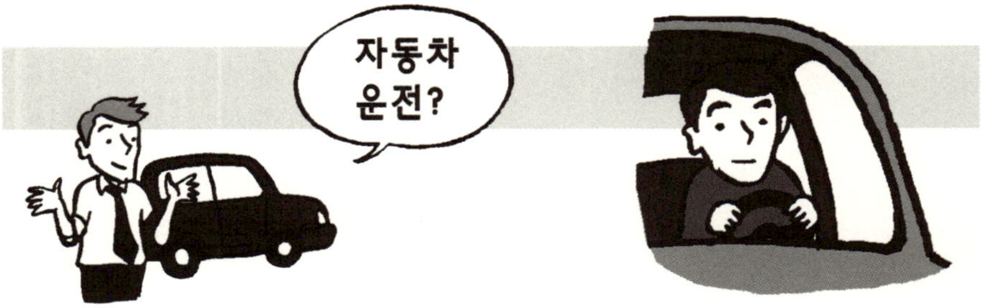

4) 장구?

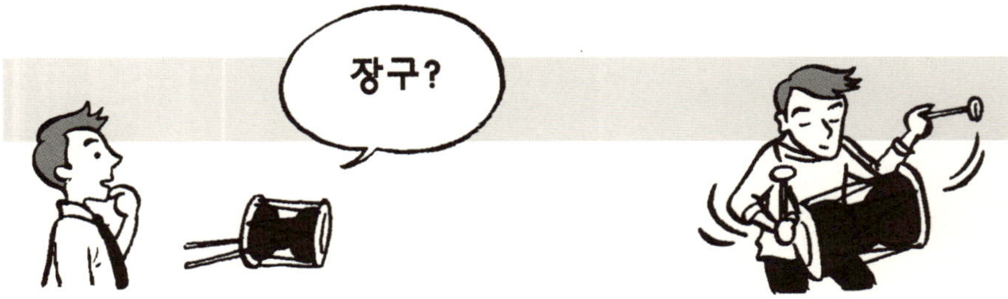

▷ 달라진 것에 대해 이야기하고 표에 써 보십시오.

이름	한국에 오기 전	한국에 와서 달라진 것

1. 한국에 와서 제일 달라진 사람은 누구입니까?

2. 좋은 점이 많아진 사람은 누구입니까?

3. 안 좋은 점이 많아진 사람은 누구입니까?

4. 달라지지 않은 사람은 누구입니까?

5. 가장 재미있는 대답을 한 사람은 누구입니까?

6. 가장 재미있는 대답을 말해 보세요.

8 수료식

1. 수료식 날 무엇을 합니까?

2. 수료식이 끝나고 나서 무엇을 할 계획입니까?

8-1 친구랑 연습해야겠어요

▷ 오늘 누구와 무엇을 할 것인지 이야기해 봅시다.

1. 도서관에 가다 ― 친구 ― 숙제하다

2. 저녁 식사를 준비하다 ― 같은 방 친구 ― 요리하다

3. 집에 일찍 가다 ― 같은 방 친구 ― 청소하다

5. 회사에서 일하다 ― 출장가다

7. 크리스마스 파티 준비를 하다 ― 우리집에서 파티를 하다

일주일 후에 수료식이 있습니다. 수료식 날 연극을 하기로 했습니다.

사오리 　제임스 씨, 연극 연습 다 했어요?

제임스 　아니요. 아직 다 못 했어요. 사오리 씨는요?

사오리 　저는 저녁에 왕호 씨랑 만나서 같이
　　　　　연습하기로 했어요.
　　　　　아마 밤 10시까지는 해야 할 거예요.

제임스 　많이 힘들겠군요.
　　　　　저도 오늘부터 친구랑 연습해야겠어요.

사오리 　연습하다가 배고프면 전화하세요. 같이 간식 먹어요.

 ## 잘 들어 보세요 CD2-11

1. 잘 듣고 따라해 보세요.

　1) 친구랑 연습해야겠어요.

　2) 부모님을 만나러 집에 가야겠어요.

　3) 한국에서 재미있게 지내야겠어요.

　4) 가 : 오늘 저녁에 비가 올 거예요.

　　　나 : 그럼, 우산을 가지고 가야겠어요.

2. 잘 듣고 써 보세요.

　1) 가 : 요즘 이사하느라고 힘들었지요?

　　　나 : 네. 그래서 주말에 _____.

　2) 가 : 다음 주에 시험을 볼 거예요.

　　　나 : 열심히 _____.

 **함께 이야기해 보세요**

▷ '가' 와 같은 일이 있으면 어떻게 할 거예요?
'나' 에서 골라 말해 보세요.

> ─어야겠어요

(가)

(나)

CD2-12

왕호 씨가 수료식에서 연극을 했습니다. 연극이 끝나고 소라 씨를 만났습니다.

이소라　와! 왕호 씨, 연극 정말 잘 봤어요.

왕호　　그래요? 고마워요.

이소라　연습 많이 했나 봐요.

왕호　　네, 일주일 동안 밤늦게까지 연습을 했어요.

이소라　그런데 아까 연극할 때 진짜 울었어요?

왕호　　아니에요. 우는 척했어요.

이소라　진짜 우는 것 같았어요.

넘어지다

키스하다

때리다 ― 맞다

 **잘 들어 보세요** CD2-13

▷ 다음을 듣고 질문에 답하세요.

1) 어제 홍대 앞에 가지 않은 사람은 누구입니까?
   ① 제임스   ② 사오리
   ③ 왕호   ④ 이소라

2) 홍대 앞에서 쇼핑을 한 사람은 누구입니까?
   ① 제임스와 왕호   ② 사오리와 친구
   ③ 이소라와 사오리   ④ 이소라와 친구

3) 먼저 손을 흔든 사람은 누구입니까?
   ① 제임스   ② 왕호
   ③ 이소라의 친구   ④ 이소라

4) 왜 제임스 씨는 손을 흔들지 않았습니까?
   ① 이소라 씨가 친구와 함께 있었기 때문에
   ② 왕호 씨가 이소라를 좋아하지 않기 때문에
   ③ 이야기를 하다가 보지 못해서
   ④ 다른 생각을 하다가 늦게 봐서

 함께 이야기해 보세요

1. 한국에서는 할아버지 할머니에게 자리를 양보해야 합니다. 지하철에 할아버지께서 타십니다. 그런데 어떤 사람들은 자리를 양보하기가 싫습니다. 어떤 행동을 하고 있습니까?

| 학생 | 아줌마 | 할아버지 | 청년 |

| 아저씨 | 아가씨 | 대학생 | 여고생 |

| 신문을 보다 | 책을 읽다 | 휴대폰을 받다 |
| 눈 감고 음악을 듣다 | (잠을) 자다 | (몸이) 피곤하다 |

아저씨는 신문을 보는 척해요.

2. 친구와 쇼핑 약속을 했어요. 그런데 가고 싶지 않아요. 그러면 어떻게 해요? 이야기해 봅시다.

제임스	
왕홍	

9 기간

1. 언제부터 자전거를 타기 시작했습니까?

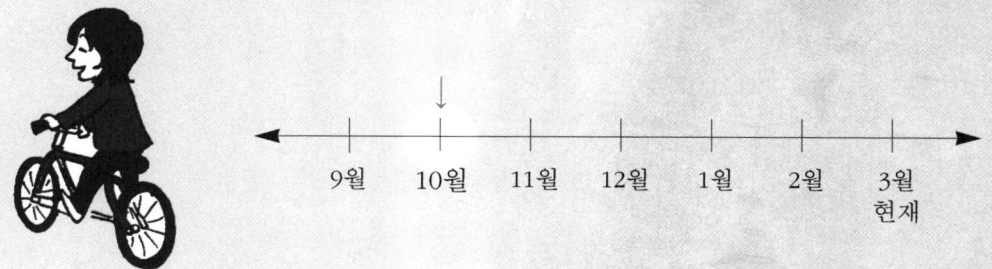

9월 10월 11월 12월 1월 2월 3월
현재

2. 결혼한 지 얼마나 됐습니까?

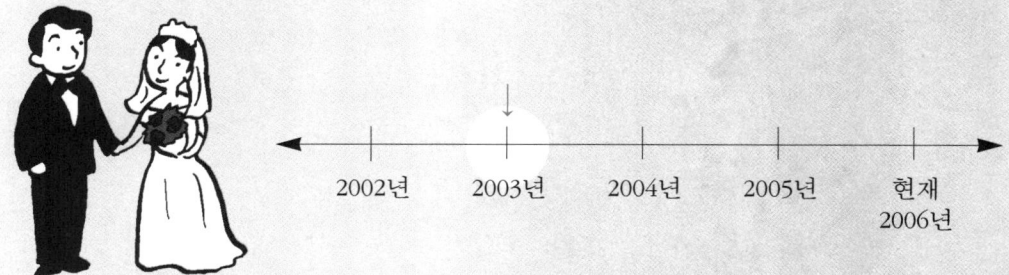

2002년 2003년 2004년 2005년 현재
2006년

3. 여자 친구를 사귄 지 얼마나 됐습니까?

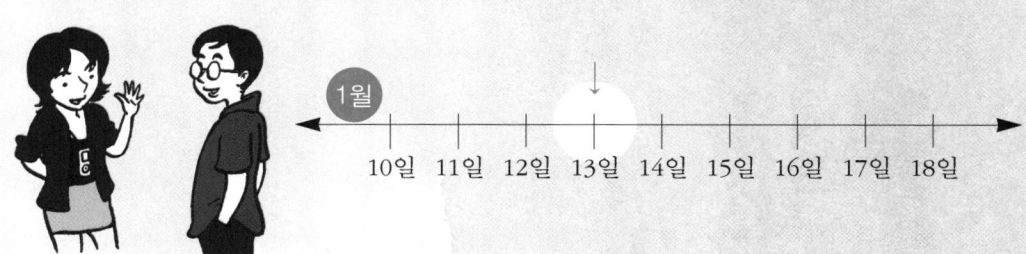

1월

10일 11일 12일 13일 14일 15일 16일 17일 18일

▷ 이것을 할 줄 압니까? 언제부터 했습니까?

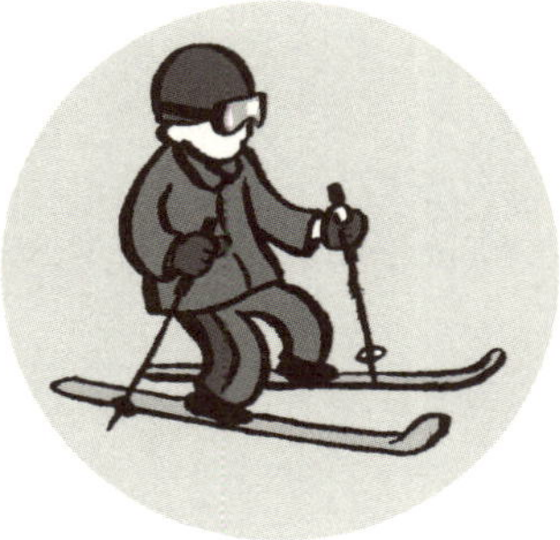

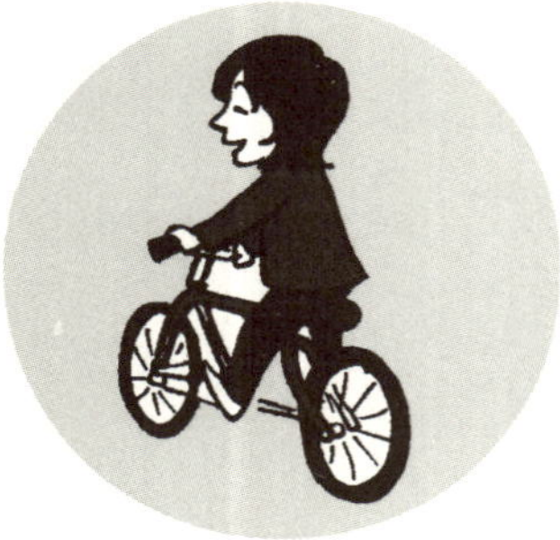

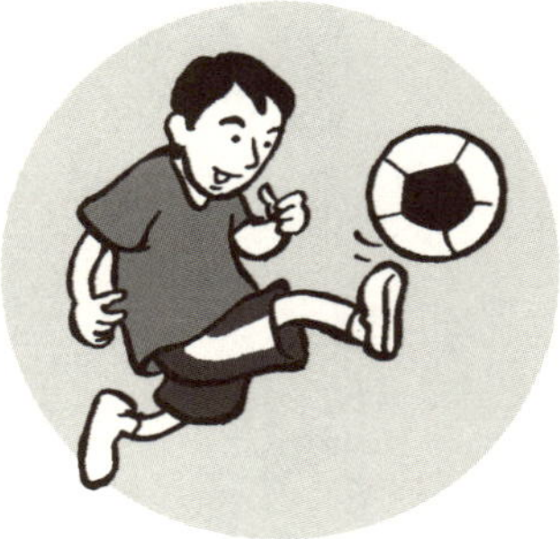

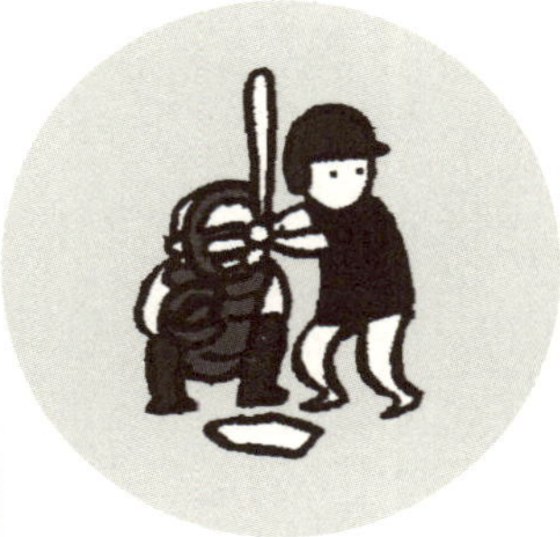

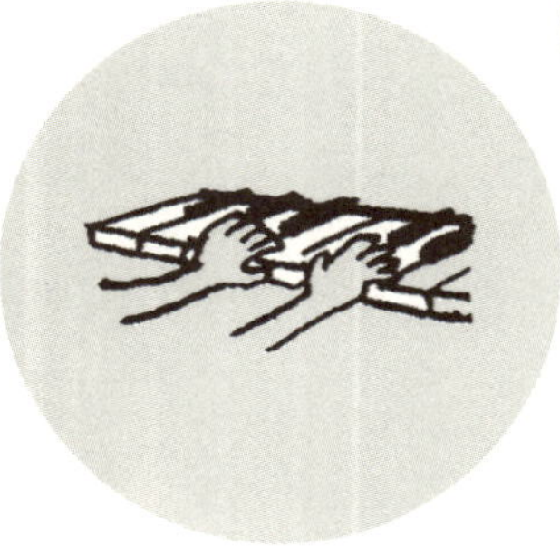

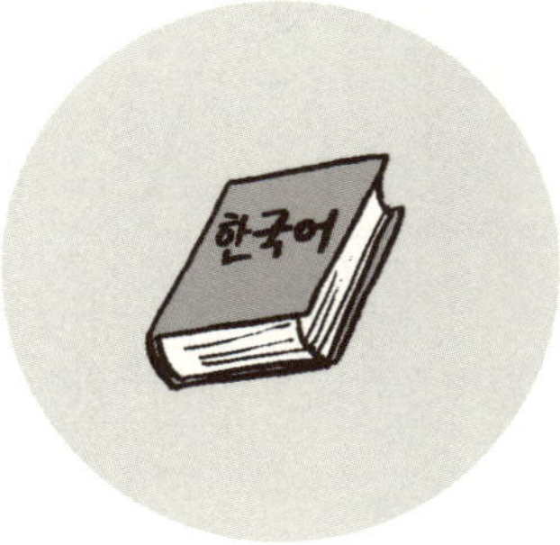

오래되었습니다	—밖에 안 되었어요
얼마 안 되었어요	—(으)ㄴ 지 얼마나 되었습니까?

CD2-14

사오리 씨와 이소라 씨가 자전거를 타면서 이야기를 합니다.

사오리 소라 씨, 자전거를 잘 타네요.

자전거 탄 지 얼마나 되었어요?

이소라 자전거 탄 지 10년이 되었어요.

사오리 그래서 잘 타는군요.

이소라 아니에요. 오랜만에 타서 잘 못 타겠어요.

사오리 얼마 만에 타는 거예요?

이소라 3년 만에 타는 거예요. 그래서 아까 넘어질 뻔했어요.

사오리 그래요? 조심하세요.

 잘 들어 보세요 CD2-15

1. 잘 듣고 따라해 보세요.

  1) 자전거를 타다가 넘어질 뻔했어요.

  2) 대학 입학 시험에서 떨어질 뻔했어요.

  3) 여자 친구와 헤어질 뻔했는데 안 헤어졌어요.

  4) 가 : 지하철에 사람이 많지요?

     나 : 네. 못 내릴 뻔했어요.

2. 잘 듣고 써 보세요.

  1) 가 : 길이 많이 막혔어요?

     나 : 네. 너무 막혀서 약속에 ＿＿＿＿＿＿＿.

  2) 가 : 많이 놀라셨어요?

     나 : 네. 너무 놀라서 휴대전화를 ＿＿＿＿＿＿＿.

9-2 전자 상가도 1시간 만에 찾았어요

CD1-16

제임스 씨가 카메라를 사기 위해 용산에 갔다 왔습니다.

이강민   제임스 씨, 어디에 갔다 왔어요?

제임스   카메라를 사기 위해 용산에 갔다 왔어요.

이강민   카메라 사셨어요?

제임스   카메라는 샀는데, 큰일날 뻔했어요.

이강민   왜요? 무슨 일 있었어요?

제임스   길을 잃어버릴 뻔했거든요. 전자 상가도 1시간 만에 찾았어요.

이강민   용산은 사람이 많고 길이 복잡해요. 그래서 길을 찾기 힘들어요.

용산-전자 상가	카메라를 사다	길을 잃어버리다
동대문 — 쇼핑몰	친구를 만나다	지갑을 잃어버리다
강남역 — 파티 장소	크리스마스 파티를 하다	지하철에서 못 내리다
공항 — 출입구	부모님을 만나다	가다가 넘어지다

사람이 많고 길이 복잡하다

건물과 사람이 많다
지하철 안에 사람이 많다
길이 위험하다
문이 많고 사람이 많다

 **잘 들어 보세요** CD2-17

▷ 다음을 듣고 질문에 답하세요.

1. 왕호 씨와 사촌동생은 몇 년 만에 만났습니까?
   ① 6개월   ② 1년   ③ 2년   ④ 3년

2. 왕호 씨는 왜 한국에 왔습니까?
   ① 사촌동생을 만나기 위해
   ② 한국말을 공부하기 위해
   ③ 한국을 배우기 위해
   ④ 고등학교에 가기 위해

3. 왕호 씨와 사촌동생은 왜 친합니까?
   ① 같이 살기 때문에
   ② 사촌동생이 키가 크기 때문에
   ③ 집이 가깝기 때문에
   ④ 형제가 없기 때문에

4. 왕호 씨는 왜 사촌동생을 만나지 못할 뻔했습니까?
   ① 사촌동생이 키가 커서
   ② 시간이 없어서
   ③ 사람이 많아서
   ④ 사촌동생이 아파서

 **함께 이야기해 보세요**

▷ 오늘 아침에 우리 반 친구에게 일어난 일이에요. 무슨 일이 있었는지 이야기해 보세요.

커피를 쏟을 뻔했어요.

유미코

제임스

왕호

오늘 아침

크리스틴

안젤라

게이코

▷ 왜 왔는지 묻고, 온 이유를 말해 보세요.

10 비교

▷ 아래 그림은 어떻게 다릅니까? 두 그림을 비교해 보세요.

10-1 예전 집에 비해 좋아요

▷ 아래에 두 집이 있습니다. 두 집은 어떻게 다릅니까? 비교해 보세요. | —에 비해 |

 창문

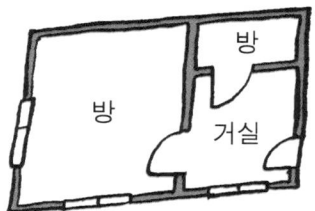 방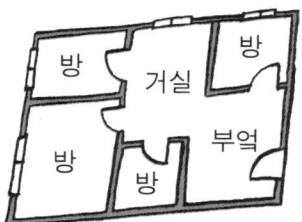

 층수

 정원

왕호 씨는 사오리 씨와 이사한 집에 대해 이야기합니다.

왕호　사오리 씨, 이사한 집은 어때요?

사오리　이사한 집은 예전 집에 비해서 크고 밝아요.

　　　그리고 화장실도 혼자 쓸 수 있어서 좋아요.

왕호　그럼 집값이 많이 비싸겠네요.

사오리　아니에요. 집값은 같아요.

왕호　집이 크고 좋은데 집값이 같아요?

사오리　하지만 불편한 것도 있어요. 집이 커서 청소하기 조금 힘들어요.

 ## 잘 들어 보세요 CD2-19

1. 잘 듣고 따라해 보세요.

1) 집값이 많이 비싸겠네요.

2) 신발값은 냈으니까 옷값만 내세요.

3) 값을 깎아 주세요.

4) 가 : 과일을 사셨어요?

　　나 : 값이 비싸서 못 샀어요.

2. 잘 듣고 써 보세요.

1) 가 : _____ 얼마예요?

　　나 : 만 오천 원이에요.

2) 가 : 모두 얼마예요?

　　나 : 맥주 2병 _____ 주세요. 안주는 서비스예요.

 ## 함께 이야기해 보세요

▷ 함께 이야기해 보십시오.

한국	
자기 나라	
친구의 나라	

한국	
자기 나라	
친구의 나라	

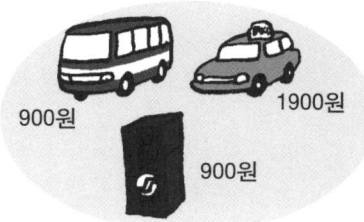

우리 집	
친구의 집	

한국	
자기 나라	
친구의 나라	

CD2-20

유미코 씨가 사오리 씨와 전화로 이야기합니다.

사오리　잘 들어갔어요?

유미코　네, 잘 들어왔어요. 그런데 집에 먹을 게 하나도 없네요.

사오리　그럼 밖에서 사 먹지 그러세요?

유미코　어제도 사 먹어서 오늘은 사 먹기 싫어요.

사오리　그럼 집에서 해 먹는 것은 어때요?

유미코　떡볶이가 먹고 싶은데 떡을 사다가 해 먹어야겠어요.

사오리　유미코 씨가 만들면 시장의 떡볶이에 비해서 맛있을 거예요.

떡볶이
볶음밥
샌드위치
피자
김밥

떡
야채
빵
햄
김
치즈
감자

시장
식당
포장마차
가게
편의점
슈퍼

맛있다
깨끗하다
맛이 좋다

 ## 잘 들어 보세요 CD2-21

▷ 다음을 듣고 질문에 답하세요.

1) 왕리 씨는 지금 무엇을 하고 있습니까?
   ① 대학교 시험을 보고 있습니다.
   ② 대학원 시험을 보고 있습니다.
   ③ 취직 시험을 보고 있습니다
   ④ 입학 시험을 보고 있습니다.

2) 왕리 씨는 왜 한국말을 배우게 되었습니까?
   ① 대학교에 가려고   ② 대학원에 가려고
   ③ 대학교를 졸업하려고   ④ 한국 회사에서 일하려고

3) 왕리 씨는 한국에 온 지 몇 년이 되었습니까?
   ① 1년   ② 2년
   ③ 3년   ④ 4년

4) 다음을 잘 듣고 맞으면 ○, 틀리면 × 하세요.
   ① 왕리 씨는 중국 사람입니다. (   )
   ② 왕리 씨는 한국 회사에서 일하고 싶어합니다. (   )
   ③ 왕리 씨는 한국말을 아주 잘합니다. (   )
   ④ 중국은 다른 나라에 비해 한국과 가깝습니다. (   )

 ## 함께 이야기해 보세요

▷ 주사위를 던져 나온 숫자만큼 가세요. 배운 표현을 사용해서 정확히 이야기해 보세요.

←도착
↓ 출발

춤을 추거나 노래를 해 보세요.
+1/-4

지금 사는 방에 대해 설명해 주세요.
-(으)ㄴ 편이다
-에 비해서
+2 /-2

오늘 옆에 앉은 친구를 설명해 보세요.
-처럼(같이)
-아/어/여 보이다
(옷, 색깔 단어 사용)
+1 / -1

지난 주말에 무엇을 했습니까?
(-으)ㄴ 후에
-고 나서/-(으)면서
+1 / -1↓

지금까지 여행해 본 곳 중에서 어디가 제일 아름다웠어요?
(-중에서) +1 / -1

결혼할 사람에게 프러포즈해 보세요.
-(으)ㄹ게요
+1 / -1

이번 주말 계획에 대해서 말해 주세요.
-(으)ㄹ까 하다
-기로 하다
+2/ -2

한국어를 잘 못해서 실수한 적이 있어요? 발음이 비슷한 단어 때문에 실수한 이야기도 해 주세요.
-(으)ㄹ 뻔하다
+2 / -1

첫사랑에 대해 말해 주세요.
+3 /-3

나중에 남편/부인이 어땠으면 좋겠어요?
-았으면 좋겠어요
+1 / -2

여러분 나라에서 갈 만한 곳을 이야기해 주세요.
-(으)ㄹ 만한
-(으)ㄹ 만해요
+1/-1

여러분 나라에서 하면 안되는 것을 말해 주세요.
-(으)면 안 되다
+ 1 / -1

가장 좋아하는 사람은 누구입니까?
-아/어/여서
-거든요
+1 / -1

듣기 문제 지문과 답
English Translation
성균어학원 한국어교재 편찬위원회

제1과 머리하기

15쪽

CD1-1

마사미 씨가 머리를 하러 갔습니다.

미용사   어서 오세요. 이리 앉으세요.

마사미   머리가 좀 길어서 자르려고 하는데요.

미용사   어떻게 잘라 드릴까요?

마사미   머리가 길어서 더워 보이니까 짧게 잘랐으면 좋겠어요.
         앞머리는 짧게 자르고 옆머리는 조금만 다듬어 주세요.
         이 사진처럼 해 주세요.

미용사   네, 알겠습니다.

15쪽

CD1-2

1. 잘 듣고 따라해 보세요.

   1) 앞머리는 짧게 자르고 싶어요.

   2) 더우니까 짧은 것이 좋아요

   3) 맑은 날씨보다 조금 흐린 날이 좋아요.

   4) 가 : 책 좀 빌려 주세요

      나 : 다 읽고 빌려 드릴게요.

2. 잘 듣고 써 보세요.

   1) 가 : 쇼핑을 많이 했어요?

      나 : 날씨가 더워져서 짧은 치마와 셔츠를 한 장 샀어요.

2) 가 : 어떤 책을 빌려 줄까요?

　　나 : 내용이 긴 책은 읽기가 어려우니까 <u>짧고 쉬운 책</u>을 빌려 주세요.

17쪽 CD1-3

민호 씨와 제니 씨가 오랜만에 길에서 만났습니다.

민호　제니 씨, 오랜만이에요. 그동안 잘 지냈어요?

제니　네, 잘 지냈어요.

　　　민호 씨, 오늘 별일 없으면 같이 연극 보러 갈래요?

민호　어, 저는 오늘 미용실에 가려고 하는데요.

　　　시험 공부하느라고 머리를 못 잘랐어요.

제니　조금 더워 보이네요.

18쪽 CD1-4

▷ 다음을 듣고 질문에 답하세요.

희선 씨가 마이클 씨의 사진을 보고 이야기를 합니다.

희선　이 사진은 마이클 씨의 여동생 사진인가요?

마이클　아니, 제 사진이에요.

희선　마이클 씨 아닌 것 같아요. 여자 같아 보여요.

마이클　제가 대학생 때 무용을 했어요.

　　　　그래서 머리를 안 잘랐어요.

희선　그럼, 이분은 마이클 씨의 형이에요?

마이클　아니에요. 우리 아버지세요.

희선　어머, 너무 젊어 보이세요. 연세가 어떻게 되세요?

마이클　쉰일곱이세요.

희선　농구 선수처럼 키가 크시네요.

　　　그리고 아주 젊어 보이세요.

마이클   네, 그런 이야기를 많이 들어요.

희선   마이클 씨는 누구를 닮았어요?

마이클   저는 어머니를 많이 닮았어요.

1) 무엇에 대해서 이야기하고 있습니까?

2) 알맞은 사진을 고르세요.

3) 잘 듣고 맞으면 ○, 틀리면 ×하세요.

　① 아버지의 연세는 57세이다.

　② 형은 대학생이다.

　③ 마이클은 누나와 얼굴이 닮았다.

　④ 마이클은 대학에서 무용을 했다.

　⑤ 마이클의 아버지는 농구 선수이다.

답) 1) ①　　2) ①　　3) ① ○, ② ×, ③ ×, ④ ○, ⑤ ×

제2과 외국 생활

CD1-5

▷ 잘 들어 보세요.

은영   와, 장스 씨, 농구를 정말 잘하는군요.

장스   뭘요. 별로 잘 못해요.

은영   아니에요. 마이클 저던 같은데요.

장스   고마워요. 운동은 모두 좋아하는 편이에요.

　　　　　다음에 같이 농구 경기 한번 보러 갈래요?

은영   농구 경기요? 한번도 본 적이 없어요.

장스	농구 경기를 보면서 응원을 하면 스트레스가 풀려요. 정말 볼 만해요.
은영	그럼 같이 한번 가요. 그런데 취직한 회사는 어때요?
장스	가끔 한국말로 이야기하기가 좀 힘들지만 괜찮아요.
은영	잘 됐네요. 요즘 취직하기가 아주 힘든데 축하해요.
장스	고마워요. 배고픈데 저녁 먹으러 갈까요? 제가 살게요.

1. 장스 씨는 무엇을 합니까?
2. 장스 씨는 운동을 잘 하는 편입니까?
3. 은영 씨는 농구 경기를 본 적이 있습니까?

답) 1.농구   2. 잘 못하는 편입니다.   3. 없습니다.

23쪽 CD1-6

은영 씨와 마이클 씨가 오랜만에 만났습니다.

은영	오랜만이네요. 그동안 잘 지내셨어요?
마이클	네, 취직 시험 준비하느라고 연락하지 못했어요.
은영	그래요? 아주 피곤하겠군요. 시험 끝나면 뭘 하고 싶어요?
마이클	대학로에서 하는 사진 전시회에 가고 싶어요.
은영	유명한 사진작가의 전시회예요?
마이클	네, 그 작가 사진 정말 볼 만해요.
은영	그런데 마이클 씨는 사진 찍는 것을 좋아하세요?
마이클	네, 좋아하는 편이에요.

23쪽 CD1-7

1. 잘 듣고 따라해 보세요.
   1) 취직 준비하느라고 피곤하겠군요.
   2) 중국 갔다 오느라고 힘들었겠군요.
   3) 그 식당은 음식이 맛있으니까 손님이 많겠군요.

4) 가 : 어제 이 코트를 샀어요.

　　나 : 따뜻하겠군요.

2. 잘 듣고 써 보세요.

　　1) 가 : 숙제하느라고 2시간밖에 못 잤어요.

　　　　나 : 그럼 아주 피곤하겠군요.

　　2) 가 : 이 책은 한자가 많아요.

　　　　나 : 많이 어렵겠군요.

26쪽

CD1-8

준서 씨가 마사미 씨에게 어제 CD를 빌려 주었습니다.

그 CD에 대해서 이야기합니다.

준서　　제가 빌려 준 CD 들어 봤어요? 어땠어요?

마사미　가사가 어려워서 뜻을 이해하기가 좀 힘들었어요.

　　　　하지만 듣기 좋았어요.

준서　　그래요? 다른 것도 빌려 드릴까요?

마사미　네, 빌려 주세요.

　　　　그런데 외국인 친구들에게 선물할 만한 CD는 뭐가 있을까요?

준서　　제가 추천해 드릴게요.

CD1-9

▷ 다음을 듣고 질문에 답하세요.

직원　　네, 성균 여행사입니다.

27쪽

마이클　안녕하세요. 저는 마이클 볼튼이라고 합니다.

　　　　성균 여행사에서 일하고 싶어서 전화했는데요.

직원　　네, 7월 1일부터 7월 6일까지 이력서를 내시면 됩니다.

　　　　이메일로 보내 주십시오.

마이클 이력서를 내려면 무엇이 필요한가요?

직원 연락처와 사진이 필요합니다. 그런데 외국 분이신가요?

마이클 네, 미국에서 왔는데 다음달에 성균관대학교를 졸업합니다.

직원 전공은 뭔가요?

마이클 경영학입니다.

직원 그럼 한국어는 어느 정도 하시나요?

마이클 대학교에서 경영학을 공부하기 전에 한국어를 1년 반 동안 공부해서
　　　 잘하는 편입니다.

1) 마이클 씨는 왜 전화했습니까?

2) 마이클 씨는 언제 이력서를 내야 합니까?

3) 이력서를 내려면 무엇이 필요한가요? 모두 고르세요.

4) 잘 듣고 맞으면 ○, 틀리면 × 하세요.

　① 마이클 씨는 한국어를 못합니다.　　　　　　　　(　　)

　② 마이클 씨는 한국어를 1년 6개월 동안 공부했습니다.　　　(　　)

　③ 마이클 씨는 대학을 졸업한 후에 한국어를 공부하고 있습니다. (　　)

답) 1) ④　2) ①　3) ①, ③, ⑤　4) ① ×, ② ○, ③ ×

제3과 물어보기

32쪽 CD1-10

마이클 씨가 지도를 보고 있습니다.

제니 마이클 씨, 그게 뭐예요?

마이클 서울 안내 지도예요.

제니   뭘 찾고 있어요?

마이클   사물놀이를 보고 싶어서 세종문화회관에 가려고 하는데요.

         세종문화회관이 어디에 있는지 아세요?

제니   네, 알아요. 학교에서 버스로 30분쯤 걸려요.

마이클   그래요? 그런데 제니 씨는 사물놀이를 봤어요?

제니   네, 2년 전에 한 번 봤는데 아주 좋았어요.

32쪽   CD1-11

1. 잘 듣고 따라해 보세요.

   1) 학교에서 버스로 30분쯤 걸려요.

   2) 서울에서 기차로 4시간쯤 걸려요.

   3) 광화문에서 지하철로 1시간 40분쯤 걸려요.

2. 잘 듣고 써 보세요.

   1) 가 : 학교에서 명동까지 얼마나 걸려요?

      나 : 버스로 40분쯤 걸려요.

   2) 가 : 서울에서 부산까지 얼마나 걸려요?

      나 : 부산까지 3시간쯤 걸려요.

35쪽   CD1-12

게이코 씨가 민지 씨를 기다립니다.

게이코   민지 씨, 점심 먹으러 가요.

민지   뭘 먹을까요?

게이코   성대 식당의 냉면을 먹어요. 거기 냉면이 얼마나 맛있는지 몰라요.

민지   날씨가 추운데 삼계탕을 먹는 게 어때요?

게이코   좋아요. 그럼 오늘은 삼계탕을 먹고 다음에 냉면을 먹어요.

CD1-13

36쪽

▷ 다음을 듣고 질문에 답하세요.

은영   민호 씨. 여기예요.

민호   아, 은영 씨, 30분이나 늦어서 정말 미안해요.

은영   괜찮아요. 주말이어서 길이 얼마나 복잡한지 몰라요.

민호   은영 씨, 이 친구는 미국에서 온 마이클인데 다음달부터 우리 회사에서
        일하게 됐어요. 이 친구와 만나서 같이 오느라고 늦었어요.

은영   네. 만나서 반갑습니다.

마이클   만나서 반갑습니다. 사진보다 훨씬 미인이시네요.

은영   감사합니다. 그런데 마이클 씨는 한국어를 아주 잘하시네요.

마이클   아니에요. 미국에서 민호가 한국어를 잘 가르쳐 줘서 그래요.

민호   맞아요. 제가 얼마나 열심히 가르쳤는지 몰라요

마이클   네, 감사합니다. 선생님 〈훗훗〉

1) 은영 씨는 얼마 동안 민호 씨를 기다렸습니까?

2) 마이클 씨가 늦은 이유는 무엇입니까?

3) 다음을 잘 듣고 맞으면 ○, 틀리면 ×하세요.

   ① 마이클 씨는 미국 사람입니다.

   ② 마이클 씨는 한국어 공부하러 한국에 왔습니다.

   ③ 민호 씨는 미국에서 회사에 다닐 겁니다.

   ④ 민호 씨는 마이클 씨의 한국어 선생님입니다.

답) 1) ①   2) ②   3) ① ○, ② ×, ③ ×, ④ ○

제4과 예정

40쪽

CD1-14

왕호 씨가 주말에 친구들과 과천에 갔습니다.
과천에는 놀이동산과 미술관과 동물원이 있습니다.

왕호 　자, 어떻게 할까요?
제임스 　놀이동산부터 가는 것이 어때요?
사유리 　저는 미술관부터 갈까 하는데요.
왕호 　왜요?
사유리 　일찍 문을 닫기 때문에 미술관에 먼저 가려고 해요.
제임스 　왕호 씨는 어때요?
왕호 　저는 처음이라서 두 분이 가는 곳을 따라 가려고요.
사유리 　특별히 가고 싶은 곳이 없어요?
왕호 　저는 호랑이를 보러 동물원에 가고 싶어요.

40쪽

CD1-15

1. 잘 듣고 따라해 보세요.
　1) 특별히 가고 싶은 곳이 있어요?
　2) 특별히 먹고 싶은 요리가 없어요.
　3) 가 : 주말에는 무엇을 하세요?
　　나 : 특별히 하는 일이 없어요.

2. 잘 듣고 써 보세요.
　1) 가 : 오늘 어디에 가 보고 싶으세요?
　2) 나 : 특별히 가고 싶은 곳은 없는데요.
　2) 가 : 주말에 뭘 하세요?
　　나 : 특별히 하는 일이 없어요. 집에서 보통 쉬어요.

CD1-16

제임스 씨와 사오리 씨가 여행에 대해 이야기합니다.

제임스 사오리 씨, 내일 휴일인데 뭐 할 거예요?
사오리 친구랑 설악산에 갈 거예요.
제임스 내일 날씨가 안 좋을 것 같은데, 괜찮겠어요?
사오리 시간이 내일밖에 없으니까 안 좋아도 가야 해요.
제임스 날씨가 안 좋으면 가지 마세요. 위험해요.

CD1-17

▷ 다음을 듣고 질문에 답하세요.

사오리 여보세요.
진수   여보세요. 사오리 씨, 잘 지냈어요?
사오리 아, 진수 씨! 오랜만이네요.
진수   사오리 씨, 내일 바쁜가요?
사오리 아뇨, 별로 바쁘지 않은데, 왜요?
진수   내일 제 졸업식이에요. 오전에 시간이 있으면 오세요.
사오리 축하해요. 내일 제임스 씨랑 같이 가도 돼요?
진수   제임스 씨한테는 벌써 연락했어요.
사오리 몇 시까지 가면 돼요?
진수   졸업식이 11시부터 시작하니까 11시까지 오면 돼요.
사오리 저는 좀 늦을 것 같은데 괜찮아요?
진수   네, 괜찮아요. 하지만 너무 많이 늦으면 안 돼요.
사오리 알겠어요. 그럼, 내일 만나요.

1) 진수 씨는 왜 사오리 씨에게 전화했습니까?
2) 진수 씨는 누구에게 먼저 전화를 했습니까?

3) 졸업식은 몇 시부터 시작합니까?

답) 1) ④   2) ④   3) ③

제5과 문제 해결

49쪽 CD1-18

요즘 날씨가 많이 덥습니다. 제임스 씨와 왕호 씨가 이야기를 합니다.

제임스   왕호 씨, 날씨가 많이 더워졌지요?
왕호   네, 많이 더워졌어요.
제임스   날씨가 더워서 공부하기 힘들지요?
왕호   네, 고향보다 많이 더워서 힘들어요.
제임스   더워서 공부하기 힘들 때에는 어떻게 해요?
왕호   더울 때엔 샤워를 하고 나서 수박을 먹어요. 그러면 시원해져요

49쪽 CD1-19

1. 잘 듣고 따라해 보세요.
   1) 더울 때엔 샤워를 하고 나서 수박을 먹어요.
   2) 힘들 때엔 부모님께 전화합니다.
   3) 이해하기 어려울 때엔 선생님께 물어 봅니다.
   4) 가 : 감기 때문에 목이 많이 아파요.
      나 : 목이 많이 아플 때엔 따뜻한 물을 드세요.

2. 잘 듣고 써 보세요.
   1) 가 : 공부가 안 되면 어떻게 합니까?

103

나 : 공부가 안 될 때엔 친구와 영화를 봅니다.
　2) 가 : 단어가 어려우면 어떻게 합니까?
　　나 : 단어가 어려울 때엔 사전을 찾습니다.

CD1-20

제임스 씨가 사오리 씨를 만났습니다. 사오리 씨가 피곤해 보입니다.

제임스　사오리 씨, 힘이 없어 보이는데 왜 그래요?
사오리　어제 이사 준비하느라고 잠을 못 잤거든요.
제임스　이삿짐은 다 쌌어요?
사오리　네, 다 쌌어요.
제임스　그런데 짐은 혼자 다 옮길 수 있어요?
사오리　큰 짐이 많아서 걱정이에요.
제임스　그러면 왕호 씨와 제가 도와 드릴게요. 너무 걱정하지 마세요.

CD1-21

▷ 다음을 듣고 질문에 답하세요.

어머니　진수야, 음악 소리가 너무 커.
진수　예?
어머니　음악 좀 작게 들어.
진수　저는 별로 크지 않은데요.
어머니　처음엔 크지 않았는데 점점 커졌어.
진수　설거지하는 소리 때문에 음악을 들을 수 없어서요.
어머니　음악을 크게 들으면 귀가 나빠지기 쉬워.
진수　요즘 음악을 크게 들어서 귀가 좀 나빠진 것 같아요.

1) 진수 씨는 무엇을 합니까?
2) 음악 소리는 처음부터 컸습니까?

3) 진수 씨는 왜 소리를 크게 했습니까?

4) 음악 소리가 너무 크면 어떻게 됩니까?

답) 1) ②   2) ②   3) ③   4) (귀)가 나빠집니다.

제6과 휴가 계획

54쪽 CD2-1

▷ 잘 들어 보세요.

장스   유미코 씨, 인터넷 하세요?

유미코   친구들과 휴가 때 여행을 가기로 해서 준비하고 있어요.

장스   그런데 인터넷으로 준비를 해요?

유미코   네. 인터넷 쇼핑몰에 물건이 많아요.

장스   저는 인터넷 쇼핑몰에서 물건을 사 본 적이 없어요.

유미코   정말요? 얼마나 편한데요.

장스   그렇군요. 그런데 언제 출발할 거예요?

유미코   8월 13일에 출발할 거예요.

1. 유미코 씨는 인터넷으로 무엇을 하고 있습니까?

2. 유미코 씨는 왜 인터넷 쇼핑몰에서 물건을 삽니까?

3. 휴가는 언제입니까?

답) 1) ④   2) ①   3) ③

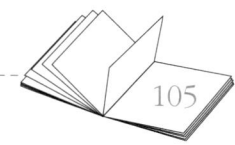

CD2-2

다음 주가 휴가입니다.

유미코 씨와 안젤라 씨가 휴가 계획에 대해 이야기합니다.

안젤라　유미코 씨, 다음 주가 휴가인데 계획 있어요?

유미코　네, 친구들과 여행을 가기로 했어요.

안젤라　어디로 갈 거예요?

유미코　부산에 가기로 했어요. 안젤라 씨는 부산에 가 본 적이 있어요?

안젤라　작년에 가 본 적이 있어요. 참 좋았어요.

유미코　부산에서 가 볼 만한 곳은 어디예요?

안젤라　해운대와 태종대가 가 볼 만해요.

CD2-3

1. 잘 듣고 따라해 보세요.

　1) 저녁을 먹기로 했어요.

　2) 설악산에 가기로 했거든요.

　3) 친구와 책을 읽기로 했어요.

　4) 가 : 친구와 무슨 노래를 듣기로 했어요?

　　나 : 친구와 한국 노래를 듣기로 했어요.

2. 잘 듣고 써 보세요.

　1) 설악산에 가기로 했거든요.

　2) 저녁을 먹기로 했어요.

　3) 가 : 어떤 옷을 입을 거예요?

　　나 : 청바지와 티셔츠를 입기로 했어요.

58쪽

CD2-4

방학이 끝나고 제임스 씨와 사오리 씨가 만났습니다.

사오리　제임스 씨, 방학 잘 보냈어요? 재미있는 일 많았어요?
제임스　진수 씨와 같이 여행 갔다 왔어요.
사오리　어디에 갔다 왔어요?
제임스　남원에 갔다 왔어요. 먼저 고속버스를 타고 지리산에 갔어요.
　　　　지리산으로 해서 남원에 갔어요.
사오리　남원에서는 뭐 했어요?
제임스　남원에 도착하자마자 사진을 찍으면서 구경했어요.
사오리　다음에 사진을 보여 주세요.

59쪽

CD2-5

▷ 다음을 듣고 질문에 답하세요.

이소라　사오리 씨, 어디 가세요?
사오리　비행기표를 사러 여행사에 가요.
이소라　여행 가세요?
사오리　다음 주말에 제주도에 가기로 했어요.
이소라　제주도에 가 본 적이 없어요?
사오리　네, 제주도에 가 본 적이 없어요.
이소라　그럼, 어떻게 여행하실 거예요?
사오리　제주도에 사는 친구가 있어서 같이 여행하기로 했어요.
　　　　제주시로 해서 서귀포로 갈 거예요.
이소라　한라산이 참 멋있으니까 꼭 가 보세요.
사오리　네, 우리는 제주도에 도착하면 한라산부터 가기로 했어요.

1) 사오리 씨는 왜 여행사에 갑니까?
2) 사오리 씨는 언제 제주도에 갑니까?

3) 사오리 씨는 누구와 제주도 여행을 할 겁니까?

4) 사오리 씨는 제주도에 도착하면 제일 먼저 어디에 갈 겁니까?

답) 1) ②   2) ①   3) ④   4) ④

제7과 출장

64쪽   CD2-6

안젤라 씨가 강민 씨에게 전화를 했습니다.

안젤라   강민 씨, 지금 어디 계세요?

이강민   회사에 있는데요.

안젤라   휴일인데 왜 회사에 가셨어요?

이강민   갑자기 도쿄로 출장 가게 되었거든요. 그래서 출장 준비를 하러 왔어요.

안젤라   인라인 스케이트를 함께 타려고 전화했는데, 안 되겠네요.

이강민   네, 오늘은 안 되겠어요. 다음에 타기로 해요.

안젤라   네, 그렇게 해요.

64쪽   CD2-7

1. 잘 듣고 따라해 보세요.

   1) 갑자기 도쿄로 출장 가게 되었거든요.

   2) 일이 있어서 숙제를 못 했거든요.

   3) 바빠서 아침 식사를 못 했거든요.

   4) 가 : 커피 왜 안 마셔요?

      나 : 아까 마셨거든요.

2. 잘 듣고 써 보세요.

   1) 가 : 수미 씨는 그 영화 안 봐요?

     나 : 그 영화를 <u>봤거든요.</u>

   2) 가 : 시험을 잘 보지 못했어요?

     나 : 공부를 안 <u>했거든요.</u>

66쪽 CD2-8

브랜든 씨가 강민 씨와 약속을 했습니다. 브랜든 씨가 늦을 것 같아서 전화를 합니다.

브랜든   지금 어디 계십니까? 도착하셨습니까?

이강민   가고 있는데 길을 몰라서 10분쯤 늦을 것 같습니다. 죄송합니다.

브랜든   아닙니다. 저도 차가 막혀서 조금 늦을 것 같습니다.

           비가 많이 오니까 밖에서 기다리지 마시고, 빌딩 안에서 기다리십시오.

이강민   네, 알겠습니다. 못 찾으면 다시 전화 드리겠습니다.

브랜든   이따 뵙겠습니다.

67쪽 CD2-9

▷ 다음을 듣고 질문에 답하세요.

나미   캐빈 씨, 이번 휴가 때 고향에 올 거지요?

캐빈   미안해요. 요즘 회사 일도 많고 다음 주에는 출장도 가야 해서 고향에는 못 갈 것 같아요. 정말 가고 싶었는데…….

나미   그래요? 할 수 없지요. 그런데 감기는 좀 나았어요?

캐빈   네. 지난 주말에 쉬고 나서 좋아진 것 같아요. 걱정하지 마세요. 나미 씨는 별 일 없지요?

나미   네, 별 일 없어요. 그럼, 고향에는 언제쯤 올 수 있을 것 같아요?

캐빈   연말에는 좀 한가해지니까 갈 수 있을 거예요. 나미 씨, 많이 보고 싶어요.

나미   저도요. 그럼 출장 잘 다녀와요.

1) 캐빈 씨는 이번 휴가 때 고향에 갑니까?

2) 캐빈 씨는 왜 고향에 가지 못합니까?

3) 나미 씨는 캐빈 씨의 무엇을 걱정하고 있습니까?

4) 캐빈 씨는 언제쯤 고향에 갈 수 있을까요?

답) 1) ②   2) ①   3) ②   4) ②

제8과 수료식

72쪽 CD2-10

일주일 후에 수료식이 있습니다. 수료식 날 연극을 하기로 했습니다.

사오리 제임스 씨, 연극 연습 다 했어요?

제임스 아니요. 아직 다 못 했어요. 사오리 씨는요?

사오리 저는 저녁에 왕호 씨랑 만나서 같이 연습하기로 했어요.
        아마 밤 10시까지는 해야 할 거예요.

제임스 많이 힘들겠군요. 저도 오늘부터 친구랑 연습해야겠어요.

사오리 연습하다가 배고프면 전화하세요. 같이 간식 먹어요.

72쪽 CD2-11

1. 잘 듣고 따라해 보세요.

   1) 친구랑 연습해야겠어요.

   2) 부모님을 만나러 집에 가야겠어요.

   3) 한국에서 재미있게 지내야겠어요.

   4) 가 : 오늘 저녁에 비가 올 거예요.

      나 : 그럼, 우산을 가지고 가야겠어요.

2. 잘 듣고 써 보세요.

　　1) 가 : 요즘 이사하느라고 힘들었지요?

　　　　나 : 네. 그래서 주말에 쉬어야겠어요.

　　2) 가 : 다음 주에 시험을 볼 거예요.

　　　　나 : 열심히 공부해야겠어요.

74쪽　　CD2-12

왕호 씨가 수료식에서 연극을 했습니다. 연극이 끝나고 소라 씨를 만났습니다.

이소라　와! 왕호 씨, 연극 정말 잘 봤어요.

왕호　　그래요? 고마워요.

이소라　연습 많이 했나 봐요.

왕호　　네, 일주일 동안 밤늦게까지 연습을 했어요.

이소라　그런데 아까 연극할 때 진짜 울었어요?

왕호　　아니에요. 우는 척했어요.

이소라　진짜 우는 것 같았어요.

75쪽　　CD2-13

▷ 다음을 듣고 질문에 답하세요.

이소라　제임스 씨, 어제 수료식 끝나고 사오리 씨랑 홍대 앞에 갔지요?

제임스　어, 소라 씨가 어떻게 알아요? 사오리 씨가 말했어요?

이소라　아니요. 어제 친구랑 쇼핑하다가 봤어요.

제임스　그럼, 왜 부르지 않았어요?

이소라　에이, 제가 손을 흔들었는데 두 사람이 못 본 척 했어요.

제임스　우리가요?

이소라　그래요.

제임스　아니에요. 아마 이야기를 하다가 못 봤을 거예요.

이소라　그랬어요?

1) 어제 홍대 앞에 가지 않은 사람은 누구입니까?

2) 홍대 앞에서 쇼핑을 한 사람은 누구입니까?

3) 먼저 손을 흔든 사람은 누구입니까?

4) 왜 제임스 씨는 손을 흔들지 않았습니까?

답) 1) ③   2) ④   3) ④   4) ③

제9과 기간

79쪽 CD2-14

사오리 씨와 이소라 씨가 자전거를 타면서 이야기를 합니다.

사오리   소라 씨, 자전거를 잘 타네요. 자전거 탄 지 얼마나 되었어요?

이소라   자전거 탄 지 10년이 되었어요.

사오리   그래서 잘 타는군요.

이소라   아니에요. 오랜만에 타서 잘 못타겠어요.

사오리   얼마 만에 타는 거예요?

이소라   3년 만에 타는 거예요. 그래서 아까 넘어질 뻔했어요.

사오리   그래요? 조심하세요.

79쪽 CD2-15

1. 잘 듣고 따라해 보세요.

   1) 자전거를 타다가 넘어질 뻔했어요.

   2) 대학 입학 시험에서 떨어질 뻔했어요.

   3) 여자 친구와 헤어질 뻔했는데 안 헤어졌어요.

   4) 가 : 지하철에 사람이 많지요?

      나 : 네. 못 내릴 뻔했어요.

2. 잘 듣고 써 보세요.

   1) 가 : 길이 많이 막혔어요?

      나 : 네. 너무 막혀서 약속에 늦을 뻔했어요.

   2) 가 : 많이 놀라셨어요?

      나 : 네. 너무 놀라서 휴대전화를 떨어뜨릴 뻔했어요.

80쪽 CD2-16

제임스 씨가 카메라를 사기 위해 용산에 갔다 왔습니다.

이강민   제임스 씨, 어디에 갔다 왔어요?

제임스   카메라를 사기 위해 용산에 갔다 왔어요.

이강민   카메라 사셨어요?

제임스   카메라는 샀는데, 큰일날 뻔했어요.

이강민   왜요? 무슨 일 있었어요?

제임스   길을 잃어버릴 뻔했거든요. 전자 상가도 1시간 만에 찾았어요.

이강민   용산은 사람이 많고 길이 복잡해요. 그래서 길을 찾기 힘들어요.

81쪽 CD2-17

▷ 다음을 듣고 질문에 답하세요.

왕호 씨는 지난 주 월요일에 사촌동생을 만나기 위해 베이징으로 갔습니다.

왕호 씨는 1년 만에 사촌동생을 만났습니다.

왕호 씨가 한국말을 공부하기 위해 한국에 온 후 만나지 못했습니다.

두 사람은 모두 형제가 없기 때문에 아주 친합니다.

그런데 공항에 사람이 많아서 왕호 씨는 사촌동생을 못 만날 뻔했습니다.

사촌동생을 만났을 때 왕호 씨는 놀랐습니다.

그동안 사촌동생의 키가 많이 컸기 때문입니다.

두 사람은 베이징에서 5일 동안 재미있게 지냈습니다.

1. 왕호 씨와 사촌동생은 몇 년만에 만났습니까?
2. 왕호 씨는 왜 한국에 왔습니까?
3. 왕호 씨와 사촌동생은 왜 친합니까?
4. 왕호 씨는 왜 사촌동생을 만나지 못할 뻔했습니까?

답) 1) ②   2) ②   3) ④   4) ③

제10과 비교

86쪽 CD2-18

왕호 씨는 사오리 씨와 이사한 집에 대해 이야기합니다.

왕호   사오리 씨, 이사한 집은 어때요?
사오리 이사한 집은 예전 집에 비해서 크고 밝아요.
        그리고 화장실도 혼자 쓸 수 있어서 좋아요.
왕호   그럼 집값이 많이 비싸겠네요.
사오리 아니에요. 집값은 같아요.
왕호   집이 크고 좋은데 집값이 같아요?
사오리 하지만 불편한 것도 있어요. 집이 커서 청소하기 조금 힘들어요.

86쪽 CD2-19

1. 잘 듣고 따라해 보세요.
    1) 집값이 많이 비싸겠네요.
    2) 신발값은 냈으니까 옷값만 내세요.
    3) 값을 깎아 주세요.
    4) 가 : 과일을 사셨어요?
        나 : 값이 비싸서 못 샀어요.

2. 잘 듣고 써 보세요.

1) 가 : <u>신발값이</u> 얼마예요?

나 : 만 오천 원이에요.

2) 가 : 모두 얼마예요?

나 : 맥주 2병 <u>값만</u> 주세요. 안주는 서비스예요.

88쪽 CD2-20

유미코 씨가 사오리 씨와 전화로 이야기합니다.

사오리 잘 들어갔어요?

유미코 네, 잘 들어왔어요. 그런데 집에 먹을 게 하나도 없네요.

사오리 그럼 밖에서 사 먹지 그러세요?

유미코 어제도 사 먹어서 오늘은 사 먹기 싫어요.

사오리 그럼 집에서 해 먹는 것은 어때요?

유미코 떡볶이가 먹고 싶은데 떡을 사다가 해 먹어야겠어요.

사오리 유미코 씨가 만들면 시장의 떡볶이에 비해서 맛있을 거예요.

89쪽 CD2-21

▷ 다음을 듣고 질문에 답하세요.

왕리 씨는 회사에 취직하기 위해 면접 시험을 봅니다.

면접관 자기 소개를 해 보세요.

왕리 안녕하십니까? 저는 중국에서 온 왕리라고 합니다.

저는 한국어를 배우기 위해 3년 전에 한국에 왔습니다.

면접관 어떻게 해서 한국어를 배우게 되었습니까?

왕리 한국의 회사에서 일하기 위해서 한국어를 배우게 되었습니다.

면접관 왜 한국의 회사에서 일하고 싶습니까?

왕리 한국은 다른 나라에 비해서 중국과 가깝기 때문에 앞으로 많은 교류가 있을 겁니다. 그래서 한국 회사에서 일하려고 합니다.

면접관 마지막으로 하고 싶은 말을 해 보세요.

왕리   아직 한국말을 잘하지 못하지만 열심히 하겠습니다.

1) 왕리 씨는 지금 무엇을 하고 있습니까?

2) 왕리 씨는 왜 한국말을 배우게 되었습니까?

3) 왕리 씨는 한국에 온 지 몇 년이 되었습니까?

4) 왕리 씨가 한 말이 아닌 것은 무엇입니까?

답) 1) ③   2) ④   3) ③   4) ③

Lesson 1. Doing one's hair

15쪽   Masami goes to get her hair done.

Hair dresser   Hi. What can I do for you? Please have a seat.

Masami   I'd like to get a haircut because it is a little long.

Hair dresser   What style would you like?

Masami   Please cut it short because long hair seems to make me look stuffy.

Cut the bangs short and trim the sides.

Please make my hair like the person in this picture.

Hair dresser   Where is your hair parted?

Masami   It's on the left.

Hair dresser   I see. I'm finished. You look much better now.

17쪽   Minho and Jenny met on the street after not seeing each other for a long time.

Minho   Jenny, it has been ages. How have you been?

Jenny   I have been doing well.

Minho, if you don't mind, would you go to see a play with me?

Minho   I think I should go to the beauty parlor today.

I haven't gotten my haircut because I had to prepare for the test.

Jenny   I think your long hair gives you a stuffy look.

I'm going to wait for you while you get it trimmed.

Lesson 2. Living in a foreign country

23쪽

Eunyeong ran into Michael in a long time.

Eunyeong	It has been a long time. How have you been?
Michael	I have been doing very well. I haven't had any time to contact you because of test preparation for jobs.
Eunyeong	I see. You might have been very exhausted. What would you like to do after the test?
Michael	I would like to go to the photo exhibition at Daehangno.
Eunyeong	You mean the exhibition of the famous photographer?
Michael	Right. It is awesome to look at the photos.
Eunyeong	By the way, do you like to take photos?
Michael	Yes, I love to take them.

26쪽

Junseo lent a CD to Masami yesterday.
They are talking about the CD.

Junseo	Have you listened to the CD I lent you? How was it?
Masami	It was hard to listen to because the words of the song are difficult to understand. However, it is good to listen to.
Junseo	Really? May I lend you others?
Masami	Yes. Please do so. By the way, are there any CD to give my foreign friends as gifts?
Junseo	Yes, there are plenty. I'd be happy to recommend some.

Lesson 3. Making Inquiries

32쪽

Michael is looking at the map.

Jenny	Michael, what do you have in your hand?

Michael	It is the guide map of Seoul.
Jenny	What are you looking for?
Michael	I'd like to go to the Sejong Cultural Center to see the Samulnolee*.
	Do you know where it is?
Jenny	Yes, I know. It takes 30 minutes to get there by bus from school.
Michael	I see. By the way, have you seen the Samulnori?
Jenny	Yes, I saw it two years ago. It is great.

* Samulnolee consists of four Korean traditional percussion instruments.

35쪽

After finishing the class, Keiko is waiting for Minji in front of the classroom.

Keiko	Minji, let's go out to eat lunch.
Minji	What would you like to have?
Keiko	Let's have nangmyun in the Sungdae cafeteria.
	You never know the taste of nangmyun in the cafeteria.
Minji	It's cold today. How about having samgyetang?
Keiko	All right. Let's have samgyetang today, then.

Lesson 4. A plan

40쪽

Wangho went to Kwacheon with friends on the weekend.
There are an amusement park, an art museum, and a zoo in Kwacheon.

Wangho	What are we going to do now?
James	How about going to the amusement park first.
Saori	No. Let's go to the art museum first.
Wangho	Why?
Saori	Because the art museum is closed earlier than the others, we should
	get there first.
James	Wangho, what is your opinion?
Wangho	It is my first time to come here, so I'll follow you.

Saori   Do you have any special things to do in mind?

Wangho   I prefer to go to the zoo first because I want to see a tiger.

43쪽

James and Saori are talking about the tour.

James   Saori, what are you going to do tomorrow?

Saori   I'll go to the Seoraksan(Seorak-Mountain) with my friend.

James   It isn't going to be a good weather tomorrow. Is it OK for you?

Saori   Even though it isn't good weather, we should go there because tomorrow is the only holiday for me.

James   It is dangerous with such weather.

           With inclement weather, you had better not go there.

Lesson 5. Finding the solutions

49쪽

It has been hot lately. James and Wangho have a talk.

James   Wangho, it is getting hotter.

Wangho   Yes, I agree with you.

James   Isn't it difficult to concentrate on studying because of hot weather?

Wangho   Right. It is much hotter than in my hometown.

James   What do you do when you cannot study because of such hot weather?

Wangho   If it is too hot, I take a shower and then eat watermelon.

            That makes me feel cool.

50쪽

James met Saori. Saori looks tired.

James   Saori, you look exhausted. What's wrong?

Saori   I couldn't sleep yesterday because I was packing my stuff.

James   So, you must have finished preparing the packing?

Saori   Yes. I have done.

James	By the way, can you move all of your stuff by yourself?
Saori	I'm worried about a lot of big loads.
James	Don't worry too much. Wangho and I will help you.

Lesson 6. Vacation plan

56쪽 Next week is the holidays. Yumiko and Angela talk about the vacation plan.

Angela	Yumiko, did you make a plan for holidays next week?
Yumiko	Yes, I will take a trip with my friends.
Angela	Where do you want to go?
Yumiko	We decided to go to Busan.
	Angela, have you ever been to Busan before?
Angela	I went there last year. It was terrific.
Yumiko	Where are the nice places to visit in Busan?
Angela	Haeundae and Taejongdae are good places to stop by.

58쪽 After finishing vacation, James met Saori.

Saori	James, have you had a wonderful vacation? Did you have plenty of exciting events?
James	I took a trip with Jinsu.
Saori	Where have you been?
James	We went to the Jirisan(Jiri Mountain) and Namwon.
	We took an express bus to visit the Jirisan, and then go to Namwon by way of the Jirisan.
Saori	What did you do in Namwon?
James	Right after arriving in Namwon, we took pictures and went sightseeing.
	We went to the famous place, Kwanghallu. It is awesome.
Saori	Please show me the pictures later.

Lesson 7. A business trip

64쪽

Angela called Gangmin.

Angela	Gangmin, where are you now?
Gangmin Lee	I'm at the office.
Angela	Why are you in the office? It's a holiday today.
Gangmin Lee	Because of an urgent business trip, I will go to Japan.
	I should prepare for the trip.
Angela	I'm calling about going in-line skating together, but I think you can't.
Gangmin Lee	Yes, I can't today. We'll do it next time.
Angela	All right.

66쪽

Branten had an appointment with Gangmin. Branten calls him because he will be late.

Branten	Where are you now? Have you already arrived?
Gangmin Lee	I'm on my way, but it takes a little more time to get there.
	It is my first trip to go there. I'm sorry.
Branten	No, not at all. With heavy traffic, I might be late, too.
	Rain is pouring down. Please wait inside of the building instead of outside.
Gangmin Lee	Very well. If I can't find the place, I'll call you.
Branten	OK. See you later.

Lesson 8. A ceremony for courses completed

72쪽

We'll have a ceremony for the courses completed a week after.
We are going to have a play on that day.

Saori	James, have you finished practicing the play?
James	No, not yet. How about you?

Saori	I´m going to meet Wangho this evening to practice.
	I think we probably will practice it until 10 p.m..
James	It may be hard on you. I will also practice it with friends as of today.
Saori	Call me when you feel hungry. Have some snacks with me.

74쪽

Wangho performed in a play. After that, he met Sora.

Sora Lee	Yeah! Wangho, you were great.
Wangho	Really? Thanks.
Sora Lee	You must have practiced hard.
Wangho	Yes. I have practiced until late at night for a week.
Sora Lee	By the way, did you cry when you were performing.
Wangho	No. I pretended to cry.
Sora Lee	It really looked like you were crying.

Lesson 9. Time period

79쪽

Saori and Sora Lee have a talk while riding a bike.

Saori	Sora, you are good at riding a bike. How long have you ridden it?
Sora Lee	It has been ten years.
Saori	That´s why you are good at it.
Sora Lee	No, not at all. I haven´t ridden for a long time so I can´t ride it well.
Saori	When was the last time you went biking?
Sora Lee	Three years ago. That´s why I came close to falling down a few minutes ago.
Saori	Really? Be careful.

James went to Yongsan to buy a camera.

Gangmin Lee James, where have you been?

James I went to Yongsan to buy a camera.

Gangmin Lee Did you buy a camera?

James I bought it, but there was something happened.

Gangmin Lee What? What is it?

James I almost got lost. It took less than an hour to find the electronic mall.

Gangmin Lee Yongsan is the crowded place with confusing roads, so it is not easy to get a right direction.

Lesson 10. Comparison

Wangho has a conversation with Saori about the house she moved into.

Wangho Saori, what about your new house?

Saori It is larger and brighter than the previous one.
Besides, I can use the bathroom alone.

Wangho Then, the rent must be high.

Saori No, the rent is the same as the previous one.

Wangho Are you sure even though it is larger and better?

Saori Sure. However, there is some inconvenience. It is too big to clean.

Yumiko is talking with Saori on the phone.

Saori Did you get home safely?

Yumiko Yes. I got home, but there is nothing to eat at home.

Saori Why don't you go out to have some food.

Yumiko I did yesterday, so I don't want to today.

Saori How about cooking some food by yourself?

Yumiko   I would like to eat tteokppokki, so I go out to buy some tteok.

Saori   I think your tteokppokki has better taste than one in the market.

성균어학원 한국어교재 편찬위원회
The Committee of the Korean Language Textbook of SLI

한국어교재 편찬위원회

위원장	김동욱
위원	박성태
	이금희
	이연희
	신영지
	유하라
	송지영

김동욱
성균관대학교 성균어학원장
성균관대학교 영어영문학과 교수
Michigan St. U. Ph.D.

이금희
성균관대학교 성균어학원 강사
성균관대학교 국어국문학 박사

신영지
성균관대학교 성균어학원 강사
성균관대학교 국어국문학 박사

박성태
성균관대학교 성균어학원 선임 강사
성균관대학교 국어국문학 박사

이연희
성균관대학교 성균어학원 강사
성균관대학교 국어국문학과 박사과정 수료

유하라
성균관대학교 성균어학원 강사
성균관대학교 국어국문학 박사

송지영
성균관대학교 성균어학원 강사
서울여자대학교 국어국문학 석사